기도 양육 지침서

인도자용

세움북스는 기독교 가치관으로 교회와 성도를 건강하게 세우는 바른 책을 만들어 갑니다.

기도 양육 지침서
인도자용

초판 1쇄 인쇄 2021년 4월 15일
초판 1쇄 발행 2021년 4월 20일

지은이 | 김영한
펴낸이 | 강인구
펴낸곳 | 세움북스

등 록 | 제2014-000144호
주 소 | 서울시 종로구 삼일대로 428(낙원동) 낙원상가 5층 500-8호
전 화 | 02-3144-3500
팩 스 | 02-6008-5712
이메일 | cdgn@daum.net

교 정 | 이윤경
디자인 | 참디자인

ISBN 979-11-87025-98-6 (03230)
S E T 979-11-87025-99-3 (03230)

기도 양육 지침서

인도자용

김영한 지음

세움북스

나는 오늘 해야 할 일이 많기 때문에
기도하는 시간을 갖기 위해서 한 시간 더 일찍 일어난다.

– 마틴 루터(Martin Luther) –

기도하는 한 사람이 기도하지 않는 모든 민족보다 강하다.
무릎 위에 놓인 나라는 무기 아래 놓인 나라보다 더 강하다.

– 존 녹스(John Knox) –

옷을 만드는 것은 재단사의 일이고 구두를 수선하는 것은 구두장이의 일이고
기도하는 것은 그리스도인의 일이다. 기도의 실패자는 생활의 실패자이다.

– E. M. 바운즈(E. M. Bounds) –

기도는 하나님의 심정에 이르게 하는 것이다.

– 제레미 테일러(Jeremy Taylor) –

아버지와 같이 있기를 바라는 것 이외의 것을 바라지 않는 것이
기도의 가장 기본적인 의식이다.

– 레이 랙스데일(Ray W. Ragsdale) –

기도란 그리스도의 능력을 붙잡는 손이다.
늙어 갈수록 기도를 더 많이 하라. 그래야 신령한 일에 냉랭해지지 않는다.

– 고아들의 아버지, 조지 뮬러(George Muller) –

기도는 우리가 믿음으로 발견한 주님의 복음에 들어있는 보물을 파내는 것이다.

– 존 칼빈(John Calvin) –

서문

Introduction

기도에 관한 책은 너무나 많다. 개인적인 기도에 관한 간증 책도 넘쳐 나고, 기도에 관한 논문도 쉽게 접할 수 있다. 그러나 기도를 성경적으로, 체계적으로 양육할 책은 거의 없는 듯하다.

존 녹스(John Knox, 1516~1581)는 이런 말을 하였다. "기도하는 한 사람이 기도하지 않는 모든 민족보다 강하다. 무릎 위에 놓인 나라는 무기 아래 놓인 나라보다 더 강하다!" 그러나 오늘날 우리는 점점 더 기도하는 사람을 찾아볼 수 없다. 영적인 장군을 만나 보기란 바닷가 모래사장에서 바늘을 찾는 일인 듯하다. 왜 그러할까? 실제적으로 기도를 어떻게 해야 할지 제대로 가르치지 않고, 더 나아가 함께 기도하지 않기 때문이다.

이런 상황 가운데 조국 교회는 점점 더 쇠약해지고 있다. 마치 예루살렘 성을 위하여 기도하는 중보자가 없고 영적 파수꾼이 없어 그 성이 위태롭듯 수많은 가정과 교회뿐 아니라 선교지의 진영까지 붕괴되고 있다.

이러한 어두운 영적 시국에 이 책이 가정, 교회, 선교지에서 유용하게 사용되기를 소망한다. 《기도 양육》교재는 3권으로 각 권마다 이런 특징이 있다.

《기도 양육 101》은 기도의 기본적 핵심 내용을 담았다. 5W(Who:기도와 기도의 대상자, What:기도의 정의, 내용, 유익, Why:기도의 이유, When:기도의 시간과 타이밍, Where:기도의 장소)와 1H(How:기도의 방법과 노하우)를 차근히 다루도록 저술했다.

《기도 양육 201》은 '잘못된 기도'와 '바른 기도'에 대해 다루었다. 육신의 호흡이 건강하지 않으면 몸이 아프듯, 영혼의 호흡인 기도가 올바르지 않으면 영적으로 건강하지 않다. 바른 기도에 대해 알고 건강한 영적 호흡을 하도록 질문 형식으로 기술했다.

《기도 양육 301》은 영적 공격을 하는 사탄의 정체성, 영적인 유혹과 시험을 이기는 기도, 영적 대적 기도의 방법, 더 깊이 집중적으로 기도하도록 하는 금식 기도에 대해 다루었다.

각 권을 다룰 때, 세 가지 부탁하고 싶은 것이 있다.

첫째, 찬양과 기도를 하면서, 기도 양육을 하면 좋겠다.

그냥 지식적으로 기도에 대해서만 가르치지 않기를 바란다. 매시간 찬양과 기도하는 시간을 가져야 한다. 운동 선수는 기술을 익히기 전 스트레칭과 근력 운동을 한 뒤에 한다. 그래야 몸을 다치지 않고, 제대로 기술을 배우고 직접 체득할 수 있다. 기도도 마찬가지이다. 머리로 가르치면서 영혼과 가슴에 뜨거운 불이 없이 기도의 내용만 전달하지 않도록 해야 한다.

조지 휫필드(George Whitefield, 1714~1770)는 "메마른 눈을 가지고는 천국에 들어갈 수 없다"라고 하였다. 정말 기도자가 되고 중보자가 되도록 하려면, 기도 양육을 할 때 같이 뜨겁게 찬양하고, 눈물로 기도하는 실제적 시간을 가지면서 말씀에 기초하여 기도 양육을 받아야 한다.

둘째, 배우는 사람이 반드시 성경 말씀을 먼저 읽고 묵상하며 워크북 질문에 답을 적도록 해야 한다.

불러주는 답만 적는 것은 좋지 않다. 초등학생을 가르치듯 하는 태도는 지양해야 하며, 자유롭게 말씀을 깊이 묵상하게 하여 '영적 군사'를 양성하도록 해야 한다.

셋째, 체크 리스트를 잘 설명해 주고, 직접 매주 주어진 과제를 하도록 해야 한다. 다섯 가지를 매주 챙겨야 한다.

a. 매주 출석은 ○, 지각은 △, 결석은 × 표시하며 참석하도록 하라!

b. 하루 30분씩 매일 기도했다면 ○, 어느 정도 했다면 △, 못했다면 ×표시하며 기도하도록 하라!

c. 암송 구절을 암송했다면 ○, 못했으면 × 표시하며 사전에 성경 구절을 암송하도록 하라!

d. 3명 이상에게 중보기도 제목을 받고 기도했다면 ○, 못했으면 × 표시하며 꾸준히 기도의 사람이 되게 하라!

e. 매주 한 번 기도문을 적고 제출했다면 ○, 제출하지 못했다면 × 표시하며 기도문을 적으면서 가정, 교회, 나라를 위해 중보하는 자로 서게 하라!

여기서 중요한 것은 양육을 인도하는 자가 매주 과제 체크를 하지 않으면, 기도 양육을 받는 자는 영적 근육을 키울 수 없다는 것이다. 매주 과제를 하도록 권면하고 체크해야 한다. 체크만 해주어도 스스로 기도의 자리에서 기도를 매주 배워가면서 '성숙된 기도자'로 성장할 것이다.

부디 이 《기도 양육》 책자가 양육하는 자와 기도 양육받는 자에게 조금이라도 도움이 되기를 소망한다. 그리하여 섬기는 공동체 지체들이 예배의 세대, 성령의 세대, 통일 세대의 주역이 되기를 기도한다!

2021년 4월

김 영 한(Next 세대 Ministry 대표 / 품는교회 담임)

전체 목차

Contents

기 도 양 육

101

기도 양육 101
기도의 기본 5W와 1H을 출간하며

기도에 관한 책은 수없이 많다. 그러나 기도에 대해 체계적으로 양육하는 책은 없다. 초신자뿐 아니라 기신자도 기도에 대해 제대로 배울 수 있는 가이드 북은 없는 듯하다. 대부분 기도에 관한 책은 개인적 경험에 바탕을 둔 것으로 경건스럽지만, 때로 너무 신비적이다. 심지어 이단적인 내용으로 비치기도 한다. 그래서 성경적인 내용을 바탕으로 한 기도에 관한 양육 책을 집필하기로 마음을 먹었다.

감사하게도 교회 내에서 오랫 동안 기도 관련 사역을 했다. 기도에 대한 내용으로 기도학교를 섬기고, 기도양육학교를 운영했다. 극동방송에서도 기도학교, 중보기도학교를 섬길 기회가 있었다. 그때 나누었던 내용들을 바탕으로 기도 양육을 위한 입문서로 활용 가능한 『기도 양육 101』을 정리할 수 있었다.

『기도 양육 101』은 기도와 관련하여 5W(Who, What, Why, When, Where)와 1H(How)에 관한 내용을 담았다. 가장 기본적으로 다음과 같은 내용을 질문하고 답하는 형식으로 구성 되어 있다.

Who	기도자와 기도의 대상자
What	기도의 정의, 내용, 유익
How	기도의 방법과 노하우
Why	기도의 이유
When	기도의 시간과 타이밍
Where	기도의 장소

특별히 이 책은 기도에 대해 성경을 중심(pivot)으로 논했다. 즉 어떤 사람, 책, 교리에 근거하여 집필하기보다 성경 책 자체에서 그 의미를 살펴보았다.

하나님의 말씀이 말해 주고, 가이드해 주는 기도에 관해 내용까지만 초신자와 기신자가 기도의 기본에 대해 체계적으로 배우도록 구성하였다. 더 나아가 기도를 실제적으로 실천할 수 있는 과제도 각 챕터별로 넣었다. 기도에 대해 이해하고, 머리로만 아는 것이 아니라 실존적으로 기도의 삶을 살도록 하고, 체크 리스트를 책 맨 뒤에 첨부하여 매주 기도자의 삶을 사는지 스스로 점검하며 양육받도록 하였다.

2021년 4월

김 영 한(Next 세대 Ministry 대표 / 품는교회 담임)

목차

Contents

Who

chapter 1

기도의 대상자
기도자와

1. 누가 기도하도록 명령하셨는가

너는 내게 부르짖으라 내가 네게 응답하겠고 네가 알지 못하는 크고 은밀한 일을
네게 보이리라_ 렘 33:3

하나님은 부르짖으며 기도하라고 하셨다. 그러면 응답하시고, 기도자
가 알지 못하는 크고 은밀한 일도 보여 주신다고 하셨다.

그러므로 너희는 이렇게 기도하라_ 마 6:9

예수님은 제자들에게 기도하는 방법을 알려 주셨다. 기도는 주님이
제자들에게 시키신 훈련이다. 기도는 선택적으로 해야 할 사항이 아니
다. 믿음과 구원은 거저 주시는 것이지만, 그에 대한 우리의 반응은 모두
훈련을 필요로 한다. 경건의 훈련이 필요하며, 기도도 땀을 흘리며 배워
야 한다.

2. 기도는 누구에게 해야 하는가

Q 인생을 살면서 누구와 가장 많은 대화를 하였는가?
그래서 얻게 된 좋은 점은 무엇인가?

너는 기도할 때에 네 골방에 들어가 문을 닫고 은밀한 중에 계신 네 아버지께
기도하라 은밀한 중에 보시는 네 아버지께서 갚으시리라_ 마 6:6

기도는 하나님 아버지에게 해야 한다.

3. 기도를 받으시는 하나님은 어떤 존재이신가

Q 요즘 당신에게 하나님은 어떤 분이신가?

1) 용서 하시는 주님

만일 우리가 우리 죄를 자백하면 그는 미쁘시고 의로우사 우리 죄를 사하시며 우리를 모든 불의에서 깨끗하게 하실 것이요_**요일 1:9**

2) 구하는 자에게 좋은 것을 주시는 주님

너희가 악한 자라도 좋은 것으로 자식에게 줄 줄 알거든 하물며 하늘에 계신 너희 아버지께서 구하는 자에게 좋은 것으로 주시지 않겠느냐_**마 7:11**

3) 성령님 을 보내 주시는 주님

너희가 악할지라도 좋은 것을 자식에게 줄 줄 알거든 하물며 너희 하늘 아버지께서 구하는 자에게 성령을 주시지 않겠느냐 하시니라_**눅 11:13**

4) 작은 참새도 돌보시는 하나님

참새 다섯 마리가 두 앗사리온에 팔리는 것이 아니냐 그러나 하나님 앞에는 그 하나도 잊어버리시는 바 되지 아니하는도다_**눅 12:6**

5) 자기를 찾는 자를 만나 주시는 하나님

나를 사랑하는 자들이 나의 사랑을 입으며 나를 간절히 찾는 자가 나를 만날 것이니라_**잠언 8:17**

6) 기도를 들으시는 하나님

기도를 들으시는 주여 모든 육체가 주께 나아오리이다_시 65:2

7) 자녀를 잊지 않으시는 하나님

여인이 어찌 그 젖 먹는 자식을 잊겠으며 자기 태에서 난 아들을 긍휼히 여기지
않겠느냐 그들은 혹시 잊을지라도 나는 너를 잊지 아니할 것이라_사 49:15

8) 졸지도 주무시지도 않으시는 하나님

이스라엘을 지키시는 이는 졸지도 아니하시고 주무시지도 아니하시리로다_
시 121:4

9) 우리를 위해서 싸우시는 하나님

여호와께서 너희를 위하여 싸우시리니 너희는 가만히 있을지니라_출 14:14

10) 부르짖음에 응답하시는 하나님

내가 여호와를 기다리고 기다렸더니 귀를 기울이사 나의 부르짖음을 들으셨도
다_시 40:1

11) 아빠 아버지라 부르게 하시는 주님

너희가 아들이므로 하나님이 그 아들의 영을 우리 마음 가운데 보내사 아빠 아
버지라 부르게 하셨느니라_갈 4:6

12) 예수 그리스도를 계시하시는 주님

내 아버지께서 모든 것을 내게 주셨으니 아버지 외에는 아들이 누구인지 아는 자가 없고 아들과 또 아들의 소원대로 계시를 받는 자 외에는 아버지가 누구인지 아는 자가 없나이다 하시고_ 눅 10:22

4. 인간은 어떤 존재에게 기도하는가

Q 예전에 믿음이 없었을 때 어떤 대상 혹 어떤 것을 신뢰하며 살았는가?

하나님이 아닌 다른 우상에 푹 빠져 살았던 인간

바알

풍요와 성공의 신, 바알

고대 근동의 신들 가운데서 가장 두드러진 활동을 나타낸 신들은 자연과 연관이 있었다. 이 자연신을 가나안에서는 '바알'이라고 불렀다. 원래 바알은 최초로 유프라테스 계곡에서 숭배된 '비옥의 신'인 다간의 아들이었다. 가나안 사람들은 자연현상을 통해 바알이 의지와 감정을 나타내고 표현하고 있다고 생각하였다. 특히, 바알 앞에서의 성교를 통해 다산의 결실을 가진다고 믿었다. 그래서 그들의 종교적인 성행위는 결코 잘못이나 부끄러움이 아니었다. 이스라엘 백성들은 오랜 유목 생활을 하였다. 그런 이스라엘 백성들은 가나안에 도착해 풍요로운 농경 사회를 보고 놀랐다. 그리고 그 농경문화를 배우며 가나안 사람들의 생활양식을 익혔다. 문제는 가나안인의 생활양식이 타락한 가나안 종교와 불가분의 관계라는 것이다. 결국, 이스라엘 백성은 풍요를 누리며 성적 타락에 빠져들었다.

아세라

쾌락의 여신, 아세라

고대 근동 지방에서 가나안 족속이 숭배하였던 여신으로 '엘'의 부인이었다. 팔레스타인 전 지역의 족속별 우상 70개 신들의 모신(母神)이었다. 한 가정의 주관자, 아내, 어머니로서의 신이었고, 행복을 가져다주는 번영과 풍요의 여신으로 성적인 방종신(신전에서 집단 혼음)이었다. 아세라상은 나무로 만들어서 땅에 곧게 세워졌고, 팔레스타인에서는 수천 개의 신상이 발견되었다. 아세라는 주로 짧은 곱슬머리에 나체를 하고 있으며, 손으로 가슴을 가리고 있는 모습으로 묘사되었다. 아세라는 바다의 여신이자 지혜의 여신이며, 각종 낳는 것을 주관하는 여인으로 추앙받았다. 다시 말해서, 곡식의 생산이나 가축 혹은 인간의 출산을 관장하는 신으로 여겼다. 문제는 이 쾌락과 다산의 여신 아세라는 이스라엘을 심히 음란한 백성으로 만들었다.

성공신 바알과 쾌락의 여신 아세라의 변천사

세계에 분포되어 있는 가나안의 바알 신은 헬라 시대에 제우스(그리스), 로마 시대에는 쥬피터, 이집트에선 오시리스로 시대마다 변모되었다. 가나안의 쾌락의 여신 아세라는 헬라 시대에 그리스 아프로디테, 로마의 비너스 혹은 다이아나, 이집트의 이시스가 되었다.

Q 우리의 일상적인 삶 속에 바알과 아세라는 어떻게 다가와 있을까요? 어떻게 젊은이들을 유혹하고 하나님에게서 멀어지게 할까요?

바알세붑

2 아하시야가 사마리아에 있는 그의 다락 난간에서 떨어져 병들매 사자를 보내며 그들에게 이르되 가서 에그론의 신 바알세붑에게 이 병이 낫겠나 물어 보라 하니라 **3** 여호와의 사자가 디셉 사람 엘리야에게 이르되 너는 일어나 올라가서 사마리아 왕의 사자를 만나 그에게 이르기를 이스라엘에 하나님이 없어서 너희가 에그론의 신 바알세붑에게 물으러 가느냐 **4** 그러므로 여호와의 말씀이 네가 올라간 침상에서 내려오지 못할지라 네가 반드시 죽으리라 하셨다 하라 엘리야가 이에 가니라 **5** 사자들이 왕에게 돌아오니 왕이 그들에게 이르되 너희는 어찌하여 돌아왔느냐 하니 **6** 그들이 말하되 한 사람이 올라와서 우리를 만나 이르되 너희는 너희를 보낸 왕에게로 돌아가서 그에게 고하기를 여호와의 말씀이 이스라엘에 하나님이 없어서 네가 에그론의 신 바알세붑에게 물으려고 보내느냐 그러므로 네가 올라간 침상에서 내려오지 못할지라 네가 반드시 죽으리라 하셨다 하라 하더이다_ **왕하 1:2-6**

아하시야는 사마리아에 있는 다락 난간에서 떨어져 병이 들자 에그론의 신 바알세붑에게 병이 나을지를 물으려고 했다.

알지 못하는 신

22 바울이 아레오바고 가운데 서서 말하되 아덴 사람들아 너희를 보니 범사에 종교심이 많도다 **23** 내가 두루 다니며 너희가 위하는 것들을 보다가 알지 못하는 신에게라고 새긴 단도 보았으니 그런즉 너희가 알지 못하고 위하는 그것을 내가 너희에게 알게 하리라 **24** 우주와 그 가운데 있는 만물을 지으신 하나님께서는 천지의 주재시니 손으로 지은 전에 계시지 아니하시고 **25** 또 무엇이 부족한 것처럼 사람의 손으로 섬김을 받으시는 것이 아니니 이는 만민에게 생명과 호흡과 만물을 친히 주시는 이심이라_ **행 17:22-25**

5. 하나님 아닌 존재에게 기도할 때의 특징은 무엇인가

Q 어릴 때 굿이나 점치는 사람을 보았는가?
어떤 점이 특이하고, 기억에 남는가?

- 중언부언(重言復言)
- 자해적 요소 동반
- 비인격적

6. 누구를 대적하며 기도해야 하는가

> 우리의 씨름은 혈과 육을 상대하는 것이 아니요 통치자들과 권세들과 이 어둠
> 의 세상 주관자들과 하늘에 있는 악의 영들을 상대함이라_엡 6:12

영적으로 씨름하며 싸우는 것은 혈과 육을 상대하는 것이 아니다. 어둠의 세상 주관자들과 하늘에 있는 악의 영들을 상대해야 한다.

Q 사탄은 우리 가정이 무너지도록 어떤 것으로 공격하는 것 같은가?

7. 하나님은 이 시대에도 누구를 찾고 계신가

하나님은 지금도 기도자를 찾으신다.

> 너희는 예루살렘 거리로 빨리 다니며 그 넓은 거리에서 찾아보고 알라 너희가
> 만일 정의를 행하며 진리를 구하는 자를 한 사람이라도 찾으면 내가 이 성읍을
> 용서하리라_렘 5:1

정의를 행하고 진리를 구하며 기도하는 한 사람을 찾으신다.

> 6 예루살렘이여 내가 너의 성벽 위에 파수꾼을 세우고 그들로 하여금 주야로
> 계속 잠잠하지 않게 하였느니라 너희 여호와로 기억하시게 하는 자들아 너희
> 는 쉬지 말며 7 또 여호와께서 예루살렘을 세워 세상에서 찬송을 받게 하시기
> 까지 그로 쉬지 못하시게 하라_사 62:6-7

예루살렘의 성벽 위에 세우는 파수꾼으로 주야로 기도하는 자를 찾으신다.

Ⓠ 하나님은 내가 어떤 비전 혹 사명을 가지고 살도록 하시는가?

8. 누가 기도해야 하는가

하나님의 자녀는 기도해야 한다.
하나님의 자녀로 기도하며 담대히 얻은 응답은 무엇인가?

9. 누구를 위하여 기도해야 하는가

1) 나 자신

2) 가족

3) 교회

4) 성도들

모든 기도와 간구를 하되 항상 성령 안에서 기도하고 이를 위하여 깨어 구하기
를 항상 힘쓰며 여러 성도를 위하여 구하라_엡 6:18

바울은 성령 안에서 기도하고, 무엇보다 여러 성도들을 위하여 기도
하라고 권면했다.

5) 사역자

19 또 나를 위하여 구할 것은 내게 말씀을 주사 나로 입을 열어 복음의 비밀을
담대히 알리게 하옵소서 할 것이니 20 이 일을 위하여 내가 쇠사슬에 매인 사신
이 된 것은 나로 이 일에 당연히 할 말을 담대히 하게 하려 하심이라_엡 6:19-20

바울은 입을 열어 복음의 비밀을 담대히 알리도록 복음을 위해 섬기
는 자를 위해서 기도해 달라고 부탁하였다. 아래에 직접 기도 제목을 적
어보자!

a. 나 자신을 위한 기도 제목

-
-
-

b. 가족을 위한 기도 제목

-
-
-

c. 교회를 위한 기도 제목

-

-

-

d. 아는 지체들을 위한 기도 제목

-

-

-

10. 우리가 기도할 때 누가 도우시는가

이와 같이 성령도 우리의 연약함을 도우시나니 우리는 마땅히 기도할 바를 알지 못하나 오직 성령이 말할 수 없는 탄식으로 우리를 위하여 친히 간구하시느니라_ **롬 8:26**

성령 하나님께서 말할 수 없는 탄식 가운데 친히 우리를 위하여 간구하신다.

11. 기도의 대상이 될 수 없는 존재는 누구인가

우선, 가톨릭의 문제는 무엇이라고 생각하는가? 서로 의견을 나누라!

1) 하나님 외 다른 신

2) 마리아

3) 성인(聖人)

교황을 신격화하는 이단적 요소

1870년 바티칸회의에서 교황은 그리스도의 대리자로서 교회의 최고 통치자이고, 교황은 오류가 없다는 교황무오설이 선언되었다. 이 회의를 통해 교황무오설은 죄에 대한 형벌까지 면제해 줄 수 있는 권리인 교황면제권까지 말하고 있다. 그러나 성경 어디에도 죄 사함의 권세가 교황에게 있다는 말씀은 없다. 반대로, 교황이든 베드로든 모든 인간은 부패하고, 거짓을 말하는 죄인이라고 말씀하고 있다(렘 17:9, 시 14:2-3). 또한, 역사적 사실들이 교황무오설이 오류투성이임을 증명하고 있다. 교황들 중 여럿이 부도덕하여 간음, 남색, 성직매매, 강간, 살인을 일삼고 술에 취해 지냈다. 심지어 2015년 교황 프란체스코는 동성애를 옹호하고, 낙태를 찬성해 많은 지탄을 받았다.

성모 마리아 숭배의 이단적 요소

가톨릭은 마리아가 평생 처녀였다는 '마리아 종신 처녀설'을 주장하고 있다. 431년 에베소 공의회에서는 마리아가 하나님의 어머니였다고 공포하였다. 1854년 교황 피어스 9세는 마리아가 원죄에 물들지 않고 태어났다는 '마리아 무죄 잉태설'을 선포했다. 더 나아가 마리아는 죄 없는 삶을 살았다는 '마리아 평생 무죄설'을 주장했다. 또한 1950년 교황 피어스 12세는 마리아가 죽은 후 부활 승천했다는 '마리아 부활 승천설'을 선언했다.

이상의 내용들은 성경에 기반을 두지 않고 근거 없이 가톨릭이 조작하여 만들어낸 것들이다. 예수님이 우리의 완전한 중보자이신데 마리아가 필요할 만큼 부족한 것일까? 그리고 마리아가 어떻게 죄가 없는 존재일까? 성경을 보면 마리아가 예수님을 낳았고 예수님의 동생들이 있었는데 '마리아 종신 처녀설'은 대체 어디서 비롯된 것일까? 마태복음 13장 55절은 예수님의 형제들을 '야고보, 요셉, 시몬, 유다'라고 열거하고 있다.

이는 그 목수의 아들이 아니냐 그 어머니는 마리아, 그 형제들은 야고보, 요셉, 시몬, 유다라 하지 않느냐_마 13:55

12. 어떤 사람처럼 기도해야 하는가

1 예수께서 그들에게 항상 기도하고 낙심하지 말아야 할 것을 비유로 말씀하여 2 이르시되 어떤 도시에 하나님을 두려워하지 않고 사람을 무시하는 한 재판장이 있는데 3 그 도시에 한 과부가 있어 자주 그에게 가서 내 원수에 대한 나의 원한을 풀어 주소서 하되 4 그가 얼마 동안 듣지 아니하다가 후에 속으로 생각하되 내가 하나님을 두려워하지 않고 사람을 무시하나 5 이 과부가 나를 번거롭게 하니 내가 그 원한을 풀어 주리라 그렇지 않으면 늘 와서 나를 괴롭게 하리라 하였느니라 6 주께서 또 이르시되 불의한 재판장이 말한 것을 들으라 7 하물며 하나님께서 그 밤낮 부르짖는 택하신 자들의 원한을 풀어 주지 아니하시겠느냐 그들에게 오래 참으시겠느냐 8 내가 너희에게 이르노니 속히 그 원한을 풀어 주시리라 그러나 인자가 올 때에 세상에서 믿음을 보겠느냐 하시니라_눅 18:1-8

과부처럼 기도해야 한다.

Q 언제 과부처럼 끈질긴 기도를 해 보았는가?

13. 기도의 대상은 누구인가

1) 핍박하는 자를 위한 기도

나는 너희에게 이르노니 너희 원수를 사랑하며 너희를 박해하는 자를 위하여
기도하라_마 5:44

2) 가족을 위한 기도

3) 기도가 필요한 지체를 위한 기도

Q 이번 주 내가 더 기도해야 할 대상은 누구인가?

과제

 말씀암송

예레미야 33:3

너는 내게 부르짖으라 내가 네게 응답하겠고 네가 알지 못

하는 크고 은밀한 일을 네게 보이리라

 실천사항

9번 질문에서 나누었던

나, 가족, 교회, 아는 지체들을 위한

기도 제목을 위해 매일 기도하기

 메모

What

chapter 2

기도의 정의, 내용, 유익

1. 기도를 무엇이라고 정의할 수 있는가

Q 자신의 말로 정의하여 적어 보라. 그리고 서로 나누어 보라!

기도는 하나님의 자녀가 예수 그리스도의 이름으로 하나님을 아빠 아버지라 부르면서 사랑의 고백, 찬양, 감사, 통회, 간청을 하는 것이다. 기도는 하나님께 초점을 맞추는 것으로 하나님께 마음의 채널, 영적 채널을 맞추는 것이다. 하나님을 나의 채널에 맞추는 것이 아니다.

기도를 이렇게 표현할 수 있다.

- 마음으로 하고 영으로 하는 하나님과의 깊은 대화
- 하나님과의 친교, 하나님을 가까이하는 것
- 하나님을 향하여 반응하고 움직이는 것
- 하나님과 대화하면서 하나님과 교제하는 것
- 하나님과 인격적으로 만나는 것
- 하나님을 향한 감사와 사랑을 고백하는 것
- 기쁨으로 주님께 아뢰는 것
- 사람의 무력함과 약함을 펼쳐놓는 것
- 목마른 사슴이 물을 찾듯 하나님을 찾는 것
- 내 소원이 아니라 주님의 뜻을 구하는 것

겟세마네의 예수님의 본을 받아야 한다. 광야에서 예수님은 귀신 쫓는 능력을 간구하시지 않고, 하나님의 뜻을 알려는 기도를 하셨다. 육신을 입으심으로 말미암아 생겨나는 욕망을 끊어내고 오직 하나님의 뜻을 담는 기도를 하셨다. 세상에서 삶으로 말미암아 더러워지는 심령의 때를 씻어내는 기도를 하셨다.

기도는 주님을 찾는 것이다.

기도는 하나님께 집중하고 온전히 주님 안에 머무는 것이다.

기도는 자녀에게 주신 특권으로 주님과 대화하는 것이다.

전능하신 하나님 또는 예수님과 대화할 수 있다는 것이 얼마나 큰 특권인지 이해할 수 있는가? 하나님은 바로 지금 여기 계시며, 언제든지 온전히 함께하신다. 하나님은 당신 안에 계시며, 당신은 하나님 안에 있다.

> 27 이는 사람으로 혹 하나님을 더듬어 찾아 발견하게 하려 하심이로되 그는 우리 각 사람에게서 멀리 계시지 아니하도다 28 우리가 그를 힘입어 살며 기동하며 존재하느니라 너희 시인 중 어떤 사람들의 말과 같이 우리가 그의 소생이라 하니_행 17:27-28

2. 기도란 무엇인가

- 가장 구체적인 **영적 경건** 실천의 장이다.
- 말씀과 함께 영적 전쟁 시 사용하는 강력한 무기이다.
- 날마다 스스로를 정화시키기 위해서 해야 하는 **의무** 이다.
- 하나님 역사의 신성한 통로이다.

Q 기도를 통해 경험한 은혜 혹 축복은 무엇이 있는가?

3. 기도할 때 무엇을 간구해야 하는가

1) 하나님 아버지 의 계시를 위해

빌립이 이르되 주여 아버지를 우리에게 보여 주옵소서 그리하면 족하겠나이다_
요 14:8

기도할 때 빌립이 고백한 것처럼 하나님 아버지를 계시해 달라고 기도해야 한다. 이 세상의 것만을 채우려고 하지 말고, 하나님 아버지를 갈망해야 한다.

2) 성령 충만 을 위해

오직 성령이 너희에게 임하시면 너희가 권능을 받고 예루살렘과 온 유대와 사마리아와 땅 끝까지 이르러 내 증인이 되리라 하시니라_행 1:8

성령 충만을 간구해야 한다.

3) 지혜

5 너희 중에 누구든지 지혜가 부족하거든 모든 사람에게 후히 주시고 꾸짖지 아니하시는 하나님께 구하라 그리하면 주시리라 6 오직 믿음으로 구하고 조금도 의심하지 말라 의심하는 자는 마치 바람에 밀려 요동하는 바다 물결 같으니 7 이런 사람은 무엇이든지 주께 얻기를 생각하지 말라 8 두 마음을 품어 모든 일에 정함이 없는 자로다_약 1:5-8

지혜가 부족한 자는 지혜를 간구해야 한다.

4) 유혹 에서의 승리를 위해

그곳에 이르러 그들에게 이르시되 유혹에 빠지지 않게 기도하라 하시고_눅 22:40

유혹에 빠지지 않도록 기도해야 한다.

5) 범사 에 잘되고 강건하기를 위해

사랑하는 자여 네 영혼이 잘됨 같이 네가 범사에 잘되고 강건하기를 내가 간구
하노라_요삼 1:2

범사에 잘되고 강건하도록 기도해야 한다.

6) 비전 성취를 위해

너희 안에서 행하시는 이는 하나님이시니 자기의 기쁘신 뜻을 위하여 너희에
게 소원을 두고 행하게 하시나니_빌 2:13

하나님 안에서 소원을 두고 행할 때 비전이 이루어지도록 기도해야
한다.

7) 미래에 발생할 일 의 감당을 위해

내가 진실로 진실로 네게 이르노니 네가 젊어서는 스스로 띠 띠고 원하는 곳으
로 다녔거니와 늙어서는 네 팔을 벌리리니 남이 네게 띠 띠우고 원하지 아니하
는 곳으로 데려가리라_요 21:18

때로 스스로 원하는 곳으로 다니지만 나중에 원하지 않는 곳으로 가
는 상황이 벌어질지라도 감당할 수 있도록 기도해야 한다.

8) 육신의 소욕을 절제하기 위해

이는 세상에 있는 모든 것이 육신의 정욕과 안목의 정욕과 이생의 자랑이니 다
아버지께로부터 온 것이 아니요 세상으로부터 온 것이라_요일 2:16

육신의 소욕을 따르지 않도록 기도해야 한다.

9) 성령의 열매 를 맺기 위해

22 오직 성령의 열매는 사랑과 희락과 화평과 오래 참음과 자비와 양선과 충성과 **23** 온유와 절제니 이같은 것을 금지할 법이 없느니라_ 갈 5:22-23

성령의 열매를 맺도록 기도해야 한다.

10) 생명의 근원인 마음 지킴을 위해

모든 지킬 만한 것 중에 더욱 네 마음을 지키라 생명의 근원이 이에서 남이니라_ 잠 4:23

모든 것보다 생명의 근원인 마음을 지키도록 기도해야 한다.

11) 하나님의 역사 를 경험하기 위해

15 하나님의 사람의 사환이 일찍이 일어나서 나가보니 군사와 말과 병거가 성읍을 에워쌌는지라 그의 사환이 엘리사에게 말하되 아아, 내 주여 우리가 어찌 하리이까 하니 **16** 대답하되 두려워하지 말라 우리와 함께한 자가 그들과 함께한 자보다 많으니라 하고 **17** 기도하여 이르되 여호와여 원하건대 그의 눈을 열어서 보게 하옵소서 하니 여호와께서 그 청년의 눈을 여시매 그가 보니 불말과 불병거가 산에 가득하여 엘리사를 둘렀더라 **18** 아람 사람이 엘리사에게 내려오매 엘리사가 여호와께 기도하여 이르되 원하건대 저 무리의 눈을 어둡게 하옵소서 하매 엘리사의 말대로 그들의 눈을 어둡게 하신지라 **19** 엘리사가 그들에게 이르되 이는 그 길이 아니요 이는 그 성읍도 아니니 나를 따라 오라 내가 너희를 인도하여 너희가 찾는 사람에게로 나아가리라 하고 그들을 인도하여 사마리아에 이르니라 **20** 사마리아에 들어갈 때에 엘리사가 이르되 여호와여 이 무리의 눈을 열어서 보게 하옵소서 하니 여호와께서 그들의 눈을 여시매 그들이 보니 자기들이 사마리아 가운데에 있더라 **21** 이스라엘 왕이 그들을 보고 엘리사에게 이르되 내 아버지여 내가 치리이까 내가 치리이까 하니 **22** 대답하되 치지 마소서 칼과 활로 사로잡은 자인들 어찌 치리이까 떡과 물을 그들 앞에 두어 먹고 마시게 하고 그들의 주인에게로 돌려보내소서 하는지라 **23** 왕이 위하여 음식을 많이 베풀고 그들이 먹고 마시매 놓아보내니 그들이 그들의 주인에

게로 돌아가니라 이로부터 아람 군사의 부대가 다시는 이스라엘 땅에 들어오지 못하니라 **24** 이 후에 아람 왕 벤하닷이 그의 온 군대를 모아 올라와서 사마리아를 에워싸니 **25** 아람 사람이 사마리아를 에워싸므로 성중이 크게 주려서 나귀 머리 하나에 은 팔십 세겔이요 비둘기 똥 사분의 일 갑에 은 다섯 세겔이라 하니 **26** 이스라엘 왕이 성 위로 지나갈 때에 한 여인이 외쳐 이르되 나의 주 왕이여 도우소서 **27** 왕이 이르되 여호와께서 너를 돕지 아니하시면 내가 무엇으로 너를 도우랴 타작 마당으로 말미암아 하겠느냐 포도주 틀로 말미암아 하겠느냐 하니라_ **왕하 6:15-27**

하나님의 역사를 보도록 기도해야 한다.

12) 전신 갑주를 입기 위해

10 끝으로 너희가 주 안에서와 그 힘의 능력으로 강건하여지고 **11** 마귀의 간계를 능히 대적하기 위하여 하나님의 전신 갑주를 입으라 **12** 우리의 씨름은 혈과 육을 상대하는 것이 아니요 통치자들과 권세들과 이 어둠의 세상 주관자들과 하늘에 있는 악의 영들을 상대함이라 **13** 그러므로 하나님의 전신 갑주를 취하라 이는 악한 날에 너희가 능히 대적하고 모든 일을 행한 후에 서기 위함이라 **14** 그런즉 서서 진리로 너희 허리 띠를 띠고 의의 호심경을 붙이고 **15** 평안의 복음이 준비한 것으로 신을 신고 **16** 모든 것 위에 믿음의 방패를 가지고 이로써 능히 악한 자의 모든 불화살을 소멸하고 **17** 구원의 투구와 성령의 검 곧 하나님의 말씀을 가지라_ **엡 6:10-17**

악의 영들이 활동하고, 승리하지 못하도록 기도해야 한다.

전신 갑주를 입도록 기도해야 한다.

5. 기도자가 누리는 유익은 무엇인가

1) 아브라함 – 창세기 18장
중보기도를 통해 이웃을 살릴 수 있다.

2) 엘리야 – 열왕기상 18장
기도 가운데 하나님의 역사를 경험할 수 있다.

3) 사무엘 – 사무엘상 15장
하나님의 뜻을 알고 리더를 바로 세울 수 있다.

기도에도 나비효과가 있다. 나비가 날갯짓하여 만든 작은 바람이 지구 반대편에서는 태풍이 될 수 있듯 나의 작은 기도가 하나님의 역사를 일으키게 한다.

ⓠ 어떤 놀라운 역사가 일어나도록 기도하고 있는가?

6. 기도가 주는 영적으로 좋은 점은 무엇인가

1) 하나님과의 교제를 통해 대화를 깊게 한다
기도는 믿는 자에게 주신 선물이다. 기도 안에서 하나님과 대화할 수 있다는 것은 매우 특별한 선물이다. 하나님께서 초대하셨기에 비로소 당신은 그분 앞에 나아갈 수 있다. 하나님께서 먼저 우리에게 그분 자신을 내어 주셨으므로 우리는 그 보답으로 그분께 우리 자신을 드리게 된다.

기도가 가능한 이유는 하나님이 우리의 기도를 원하셔서 우리에게 기도할 수 있는 믿음을 선물로 주셨기 때문이다. 기도하는 동안 하나님이 나 자신에게 그분 자신을 선물로 내어 주셨다는 사실을 잘 알 수 있게 된다.

2) 기도는 하나님과의 일치로 이끌어 준다

기도의 가장 중요한 목적은 하나님과의 일치이다. 기도가 하나님께 더 가까이 나아가도록 돕지 못한다면 의미가 없다. 기도하기 위해 마련하는 시간, 기도할 때 하는 말, 기도하려는 노력, 사랑하시는 주님의 현존 앞에 고요히 자신을 내어 드림, 이 모두가 당신 실존의 가장 중요한 목적인 하나님과의 일치를 지향한다. 주님으로부터 무엇인가를 받고자 하는 목적을 갖고 간구하는 청원 기도도 하나님을 신뢰하는 마음을 깊어지게 해 줌으로써 하나님과 더욱 가까이 일치를 이루게 한다. 당신이 청원하고 있는 것은 사실상 이차적인 것이다.

3) 기도는 하나님을 체험하게 한다

좋은 것은 무엇이든 하나님으로부터 나와서 하나님께 이른다. 하나님은 모든 선의 원천이며 목적이시다. 기도를 통해 기도자는 이런 선하고, 사랑 많으신 하나님을 경험한다(요일 4:8). 즉, 기도 안에서 하나님을 체험한다는 것은 모든 기도를 들으시는 하나님으로부터 사랑받고 있음을 경험하는 것이다.

4) 자신의 일보다 하나님의 뜻에 더 중점을 두게 한다

믿음 안에서 그분이 하시는 일을 좀 더 잘 깨닫고자 당신이 하던 일을 기꺼이 희생할 때에만 하나님이 전해 주시는 이 사랑에 마음을 열 수 있다.

5) 기도는 올바른 길로 걷게 한다

우리 자신이 모든 일을 다 한다고 생각하기 쉽지만 겸손하게 생각하면 무슨 일이든 우리가 좋은 일을 하도록 격려해 주시는 분은 언제나 쉬지 않고 일하시는 하나님이시다. 우리의 훌륭한 업적은 무엇이든 하나님의 은총에 대한 응답일 뿐이다(빌 1:6).

6) 기도는 하나님께 사로잡혀 변화되게 한다

인격 성숙이란 본성적 인간에서 영적인 인간으로 성숙해 가는 것이다. 인격 성숙은 우리에게 선물로 주어지는 성령의 더 많은 감화와 충만으로 이루어진다. 하나님은 우리에게 새 마음을 넣어 주시며, 굳은 마음을 도려내고 살처럼 부드러운 마음을 넣어 주신다. 그분은 우리 안에 그분의 기운을 넣어 주신다(겔 36:25-27).

7) 기도는 자신의 시간을 내어 드려 주님이 디자인하시게 한다

기도는 시간을 바치는 일이다. 우리의 가장 귀중한 소유물 중 하나는 시간이다. 기도 시간을 내어 드리는 것은 매우 귀중한 것을 주님께 바치는 것이다. 우리는 기도를 통하여 주님이 매일 우리에게 맡겨 주시는 시간의 일부를 주님께 되돌려 드리는 것이다.

8) 기도는 시험에 빠지지 않게 한다

9) 선을 행하도록 한다

10) 내적 평안을 준다

7. 기도는 무엇을 얻게 하는가

1) 믿음 을 얻게 한다

기도하면 기도하는 내 자신과 또 다른 사람에게 믿음이 생긴다. 여기서 믿음은 하나님을 향한 믿음도 말하지만, 기도하는 대상에 대한 신뢰와 믿음을 회복하게 되는 것을 의미한다.

2) 소망을 얻게 한다

기도는 기도하는 사람을 향해 소망을 갖게 하고, 결국 그 사람을 과거의 그 상황으로 혹은 현재의 그 사람으로 바라보지 않도록 하신다.

3) 사랑 을 얻게 한다

기도는 사랑할 수 없는 자를 사랑하고, 신뢰를 가질 수 없는 사람과의 상황 가운데 신뢰가 일어나게 한다. 기도하는 자는 하나님에 대한 강한 신뢰로 끊임없이 기도하게 하시고, 인내하게 하신다!

8. 요즘 여러분이 놓고 기도하는 영혼의 이름과 무엇을 위해 기도해야 할지 적어 보라!

1)

2)

3)

4)

5)

기도는 영혼이 돌아오게 한다.

9. 우리는 무슨 싸움을 하고 있는가

우리의 씨름은 혈과 육을 상대하는 것이 아니요 통치자들과 권세자들과 이 어
둠의 세상 주관자들과 하늘에 있는 악의 영들을 상대함이라_ 엡 6:12

우리가 기도해야 하는 이유는 우리는 눈에 **보이는** 싸움이 아니라 **보
이지** 않는 영적 싸움을 하고 있기 때문이다!

Q 나 자신이 요즘 믿음의 삶을 살기 위해 싸우고 있는 부분은 무엇인가?

10. 기도할 때 주시는 축복은 무엇인가

1) 하나님과 가까워질 수 있다

여호와 앞에 그대로 섰더니 가까이 나아가_ 창 18:22-23
모세가 여호와께 아뢰되 보시옵소서_ 출 33:12
이 존귀는 아무도 스스로 취하지 못하고 오직 아론과 같이 하나님의 부르심을
받은 자라야 할 것이니라_ 히 5:4

2) 하나님의 **사람** 과 가까워질 수 있다

예) 다니엘과 그의 친구들 (사드락과 메삭과 아벳느고)

3) **대적** 에게 담대히 나아갈 수 있다

예) 아브라함, 예레미야, 느헤미야, 에스더, 다니엘

11. 기도하는 가정에 오는 축복은 무엇인가

1) **불화** 가 없다

2) 사랑하는 가족을 자신의 뜻대로 하려고 하지 않는다

성도는 아무리 사랑하는 가족이라도, 자신의 생각과 마음대로 하려고 해서는 안 된다.

3) 하나님 안에서 영적으로 보호를 받게 된다

12. 요즘 주님이 기도하게 하시는 내용은 무엇인가

1)

2)

3)

Q 우리 가정이 어떤 가정이 되면 좋을지 기도문을 작성해 보라!

과제

☑ **말씀암송**

에베소서 6:12

우리의 씨름은 혈과 육을 상대하는 것이 아니요
통치자들과 권세들과 이 어둠의 세상 주관자들과
하늘에 있는 악의 영들을 상대함이라

☑ **실천사항**

8번에서 나눈 기도 제목을 위해 매일 기도하기

☑ **메모**

_____

_____

_____

_____

_____

_____

How

chapter 3

기도의 방법과 노하우

1. 기도의 단계는 어떻게 되는가

- 경배의 기도
- 감사의 기도
- 회개의 기도
- 고백의 기도
- 청원의 기도

회개를 한 뒤에 자신이 원하는 기도를 드리면 좋다.

2. 누구의 이름으로 어떻게 기도해야 하는가

베드로가 이르되 은과 금은 내게 없거니와 내게 있는 이것을 네게 주노니 나사
렛 예수 그리스도의 이름으로 일어나 걸으라 하고_ ^행 3:6

베드로는 은과 금은 자신에게 없지만 예수 그리스도의 이름으로 기도
하며, 나면서 못 걷게 된 이를 일으켰다.

3. 양자의 영을 받아 어떻게 기도해야 하는가

1) 로마서 8:15-16

15 너희는 다시 무서워하는 종의 영을 받지 아니하고 양자의 영을 받았으므로
우리가 아빠 아버지라고 부르짖느니라 16 성령이 친히 우리의 영과 더불어 우
리가 하나님의 자녀인 것을 증언하시나니

양자의 영을 받았으므로 하나님을 아빠 아버지라 부르고, 성령님이 친히 우리 영과 함께하시니 성령님을 통해 기도해야 한다.

2) 유다서 1:20

사랑하는 자들아 너희는 너희의 지극히 거룩한 믿음 위에 자신을 세우며 성령으로 기도하며

지극히 거룩한 믿음 위에 자신을 세우고, 성령으로 기도해야 한다.

4. 어떻게 기도해야 하는가

1) 아버지의 뜻대로 기도하기

41 그들을 떠나 돌 던질 만큼 가서 무릎을 꿇고 기도하여 **42** 이르시되 아버지여 만일 아버지의 뜻이거든 이 잔을 내게서 옮기시옵소서 그러나 내 원대로 마시옵고 아버지의 원대로 되기를 원하나이다 하시니_눅 22:41-42

내 뜻이 이루어지는 것이 아니라 아버지의 뜻이 이루어지도록 기도해야 한다.

2) 최소 세 번 이상 기도하기

예수님

36 이에 예수께서 제자들과 함께 겟세마네라 하는 곳에 이르러 제자들에게 이르시되 내가 저기 가서 기도할 동안에 너희는 여기 앉아 있으라 하시고 **37** 베드로와 세베대의 두 아들을 데리고 가실새 고민하고 슬퍼하사 **38** 이에 말씀하시되 내 마음이 매우 고민하여 죽게 되었으니 너희는 여기 머물러 나와 함께 깨

어 있으라 하시고 **39** 조금 나아가사 얼굴을 땅에 대시고 엎드려 기도하여 이르시되 내 아버지여 만일 할 만하시거든 이 잔을 내게서 지나가게 하옵소서 그러나 나의 원대로 마시옵고 아버지의 원대로 하옵소서 하시고 **40** 제자들에게 오사 그 자는 것을 보시고 베드로에게 말씀하시되 너희가 나와 함께 한 시간도 이렇게 깨어 있을 수 없더냐 **41** 시험에 들지 않게 깨어 기도하라 마음에는 원이로되 육신이 약하도다 하시고 **42** 다시 두 번째 나아가 기도하여 이르시되 내 아버지여 만일 내가 마시지 않고는 이 잔이 내게서 지나갈 수 없거든 아버지의 원대로 되기를 원하나이다 하시고 **43** 다시 오사 보신즉 그들이 자니 이는 그들의 눈이 피곤함일러라 **44** 또 그들을 두시고 나아가 세 번째 같은 말씀으로 기도하신 후 **45** 이에 제자들에게 오사 이르시되 이제는 자고 쉬라 보라 때가 가까이 왔으니 인자가 죄인의 손에 팔리느니라 **46** 일어나라 함께 가자 보라 나를 파는 자가 가까이 왔느니라_ **마 26:36-46**

예수님은 십자가를 지시기 전에 세 번 기도하셨다.

바울

7 여러 계시를 받은 것이 지극히 크므로 너무 자만하지 않게 하시려고 내 육체에 가시 곧 사탄의 사자를 주셨으니 이는 나를 쳐서 너무 자만하지 않게 하려 하심이라 **8** 이것이 내게서 떠나가게 하기 위하여 내가 세 번 주께 간구하였더니 **9** 나에게 이르시기를 내 은혜가 네게 족하도다 이는 내 능력이 약한 데서 온전하여짐이라 하신지라 그러므로 도리어 크게 기뻐함으로 나의 여러 약한 것들에 대하여 자랑하리니 이는 그리스도의 능력이 내게 머물게 하려 함이라_ **고후 12:7-9**

바울도 질병을 놓고 세 번 기도했다.

엘리야

일곱 번째 이르러서는 그가 말하되 바다에서 사람의 손 만한 작은 구름이 일어나나이다 이르되 올라가 아합에게 말하기를 비에 막히지 아니하도록 마차를 갖추고 내려가소서 하라 하니라_ **왕상 18:44**

엘리야는 가뭄이 그치기를 일곱 번 이상 기도했다.

5. 몇 명이서 어떻게 기도해야 하는가

1) 골방에서

너는 기도할 때에 네 골방에 들어가 문을 닫고 은밀한 중에 계신 네 아버지께 기도하라 은밀한 중에 보시는 네 아버지께서 갚으시리라_마 6:6

혼자서 골방에서 기도해야 한다.

2) 주님의 이름으로 모여서

두세 사람이 내 이름으로 모인 곳에는 나도 그들 중에 있느니라_마 18:20

두세 사람이 주님의 이름으로 모여 기도해야 한다.

3) 함께 모여서

12 제자들이 감람원이라 하는 산으로부터 예루살렘에 돌아오니 이 산은 예루 살렘에서 가까워 안식일에 가기 알맞은 길이라 13 들어가 그들이 유하는 다락 방으로 올라가니 베드로, 요한, 야고보, 안드레와 빌립, 도마와 바돌로매, 마태 와 및 알패오의 아들 야고보, 셀롯인 시몬, 야고보의 아들 유다가 다 거기 있어 14 여자들과 예수의 어머니 마리아와 예수의 아우들과 더불어 마음을 같이하여 오로지 기도에 힘쓰더라_행 1:12-14

120여 명이 함께 모여 기도한 것처럼 기도해야 한다.

6. 기도할 때 어떻게 열정적으로 기도해야 하는가

아합이 먹고 마시러 올라가니라 엘리야가 갈멜 산 꼭대기로 올라가서 땅에 꿇 어 엎드려 그의 얼굴을 무릎 사이에 넣고_왕상 18:42

엘리야는 무릎에 얼굴이 파묻힐 정도로 기도했다.

> 그는 육체에 계실 때에 자기를 죽음에서 능히 구원하실 이에게 심한 통곡과 눈물로 간구와 소원을 올렸고 그의 경건하심으로 말미암아 들으심을 얻었느니라_ 히 5:7

예수님은 심한 통곡과 눈물로 간구와 소원을 올리셨다.

> 예수께서 힘쓰고 애써 더욱 간절히 기도하시니 땀이 땅에 떨어지는 핏방울 같이 되더라_ 눅 22:44

예수님은 땀이 땅에 떨어질 때 핏방울처럼 될 정도로 기도하셨다.

7. 응답받는 기도를 드리려면 어떻게 해야 하는가

> 4 내 안에 거하라 나도 너희 안에 거하리라 가지가 포도나무에 붙어 있지 아니하면 스스로 열매를 맺을 수 없음 같이 너희도 내 안에 있지 아니하면 그러하리라 5 나는 포도나무요 너희는 가지라 그가 내 안에, 내가 그 안에 거하면 사람이 열매를 많이 맺나니 나를 떠나서는 너희가 아무것도 할 수 없음이라 6 사람이 내 안에 거하지 아니하면 가지처럼 밖에 버려져 마르나니 사람들이 그것을 모아다가 불에 던져 사르느니라_ 요 15:4-6

예수님 안에 거해야 한다. 주님 안에 거하지 않고 주님과 붙어 있지 않으면, 열매를 맺을 수 없고 기도 응답을 받는데도 장애가 있다.

8. 믿음의 조상들은 어떻게 기도하였는가

1) 모세의 기도

11 모세가 그의 하나님 여호와께 구하여 이르되 여호와여 어찌하여 그 큰 권능과 강한 손으로 애굽 땅에서 인도하여 내신 주의 백성에게 진노하시나이까 12 어찌하여 애굽 사람들이 이르기를 여호와가 자기의 백성을 산에서 죽이고 지면에서 진멸하려는 악한 의도로 인도해 내었다고 말하게 하시려 하나이까 주의 맹렬한 노를 그치시고 뜻을 돌이키사 주의 백성에게 이 화를 내리지 마옵소서_ 출 32:11-12

자신의 생명을 잃고서라도 민족을 구원하고 싶어 했다.

2) 하박국 선지자의 기도

1 시기오놋에 맞춘 선지자 하박국의 기도라 2 여호와여 내가 주께 대한 소문을 듣고 놀랐나이다 여호와여 주는 주의 일을 이 수년 내에 부흥하게 하옵소서 이 수년 내에 나타내시옵소서 진노 중에라도 긍휼을 잊지 마옵소서_ 합 3:1-2

수년 내에 부흥이 있기를 소원하며 기도했다.

3) 사도 바울의 민족을 위한 마음과 기도

1 그러므로 내가 말하노니 하나님이 자기 백성을 버리셨느냐 그럴 수 없느니라 나도 이스라엘인이요 아브라함의 씨에서 난 자요 베냐민 지파라 2 하나님이 그 미리 아신 자기 백성을 버리지 아니하셨나니 너희가 성경이 엘리야를 가리켜 말한 것을 알지 못하느냐 그가 이스라엘을 하나님께 고발하되 3 주여 그들이 주의 선지자들을 죽였으며 주의 제단들을 헐어 버렸고 나만 남았는데 내 목숨도 찾나이다 하니 4 그에게 하신 대답이 무엇이냐 내가 나를 위하여 바알에게 무릎을 꿇지 아니한 사람 칠천 명을 남겨 두었다 하셨으니 5 그런즉 이와 같이 지금도 은혜로 택하심을 따라 남은 자가 있느니라_ 롬 11:1-5

이방인의 사도였지만 유대인이 돌아오기를 간절히 소원했다.

9. 병든 자를 위해 어떻게 기도해야 하는가

> 14 너희 중에 병든 자가 있느냐 그는 교회의 장로들을 청할 것이요 그들은 주의
> 이름으로 기름을 바르며 그를 위하여 기도할지니라 15 믿음의 기도는 병든 자
> 를 구원하리니 주께서 그를 일으키시리라 혹시 죄를 범하였을지라도 사하심을
> 받으리라 16 그러므로 너희 죄를 서로 고백하며 병이 낫기를 위하여 서로 기도
> 하라 의인의 간구는 역사하는 힘이 큼이니라_약 5:14-16

- 병든 자는 교회의 장로들에게 기도 요청을 해야 한다.
- 장로들은 기름을 바르고, 기도해야 한다.
- 이렇게 기도할 때 죄를 범하였을지라도 사함을 받게 된다.
- 죄를 서로 고백하고, 병 낫기를 위해서도 서로 기도해야 한다.

10. 엘리야는 어떻게 우리와 같은 사람이었는데 더 놀랍게 기도 응답을 받았는가

> 17 엘리야는 우리와 성정이 같은 사람이로되 그가 비가 오지 않기를 간절히 기
> 도한즉 삼 년 육 개월 동안 땅에 비가 오지 아니하고 18 다시 기도하니 하늘이
> 비를 주고 땅이 열매를 맺었느니라_약 5:17-18

엘리야는 사실 우리와 같은 사람이었다. 그런데 비가 오지 않기를 바라고 기도하자 3년 6개월 동안 비가 오지 않고, 다시 기도하자 비가 왔다. 그런데 구약성경을 보면, 엘리야가 기도할 때 간절히 자신의 머리를 무릎 사이에 집어 넣으며 기도했다.

아합이 먹고 마시러 올라가니라 엘리야가 갈멜산 꼭대기로 올라가서 땅에 꿇어 엎드려 그의 얼굴을 무릎 사이에 넣고_**왕상 18:42**

- 엘리야는 갈멜산 꼭대기로 올라갔다.
- 땅에 꿇어 엎드렸다.
- 그 얼굴을 무릎 사이에 넣었다.

11. 기도의 모습들은 어떠하였는가

1) 서서 기도

만일 재앙이나 난리나 견책이나 전염병이나 기근이 우리에게 임하면 주의 이름이 이 성전에 있으니 우리가 이 성전 앞과 주 앞에 서서 이 환난 가운데에서 주께 부르짖은즉 들으시고 구원하시리라 하였나이다_**대하 20:9**

서서 기도할 때에 아무에게나 혐의가 있거든 용서하라 그리하여야 하늘에 계신 너희 아버지께서도 너희 허물을 사하여 주시리라 하시니라_**막 11:25**

2) 손을 들고 기도

그러므로 각처에서 남자들이 분노와 다툼이 없이 거룩한 손을 들어 기도하기를 원하노라_**딤전 2:8**

예수께서 그들을 데리고 베다니 앞까지 나가사 손을 들어 그들에게 축복하시더니_**눅 24:50**

3) 하늘을 우러러보며 기도

돌을 옮겨 놓으니 예수께서 눈을 들어 우러러보시고 이르시되 아버지여 내 말을 들으신 것을 감사하나이다_**요 11:41**

예수께서 이 말씀을 하시고 눈을 들어 하늘을 우러러 이르시되 아버지여 때가 이르렀사오니 아들을 영화롭게 하사 아들로 아버지를 영화롭게 하게 하옵소서_**요 17:1**

4) 땅에 앉아서 기도

다윗 왕이 여호와 앞에 들어가 앉아서 이르되 주 여호와여 나는 누구이오며 내 집은 무엇이기에 나를 여기까지 이르게 하셨나이까_**삼하 7:18**

5) 무릎을 꿇고 기도

베드로가 사람을 다 내보내고 무릎을 꿇고 기도하고 돌이켜 시체를 향하여 이르되 다비다야 일어나라 하니 그가 눈을 떠 베드로를 보고 일어나 앉는지라_**행 9:40**

이 말을 한 후 무릎을 꿇고 그 모든 사람들과 함께 기도하니_**행 20:36**

41 그들을 떠나 돌 던질 만큼 가서 무릎을 꿇고 기도하여 **42** 이르시되 아버지여 만일 아버지의 뜻이거든 이 잔을 내게서 옮기시옵소서 그러나 내 원대로 마시옵고 아버지의 원대로 되기를 원하나이다 하시니_**눅 22:41~42**

5 그 성읍 거리에 소년과 소녀들이 가득하여 거기에서 뛰놀리라 **6** 만군의 여호와가 이같이 말하노라 이 일이 그 날에 남은 백성의 눈에는 기이하려니와 내 눈에야 어찌 기이하겠느냐 만군의 여호와의 말이니라_**슥 8:5~6**

6) 옷을 찢고 재를 쓰고 기도

1 모르드개가 이 모든 일을 알고 자기의 옷을 찢고 굵은 베 옷을 입고 재를 뒤집어쓰고 성중에 나가서 대성 통곡하며_에 4:1

7) 통곡과 눈물로 기도

악을 행하는 너희는 다 나를 떠나라 여호와께서 내 울음 소리를 들으셨도다_시 6:8

8) 벽을 마주 보면서 기도

히스기야가 낯을 벽으로 향하고 여호와께 기도하여 이르되_왕하 20:2

9) 가슴을 치면서 기도

그 도시에 한 과부가 있어 자주 그에게 가서 내 원수에 대한 나의 원한을 풀어주소서 하되_눅 18:3

10) 탄식하여 곤고함으로 밤마다 눈물로 기도

내가 탄식함으로 피곤하여 밤마다 눈물로 내 침상을 띄우며 내 요를 적시나이다_시 6:6

11) 엎드려 기도

조금 나아가사 땅에 엎드리어 될 수 있는 대로 이 때가 자기에게서 지나가기를 구하여_막 14:35

12) 속으로 말하며 기도

한나가 속으로 말하매 입술만 움직이고 음성은 들리지 아니하므로 엘리는 그가 취한 줄로 생각한지라_ **삼상** 1:13

4 너희는 떨며 범죄하지 말지어다 자리에 누워 심중에 말하고 잠잠할지어다 (셀라) **5** 의의 제사를 드리고 여호와를 의지할지어다_ **시** 4:4-5

13) 금식하며 베옷을 입고 기도

내가 금식하며 베옷을 입고 재를 덮어쓰고 주 하나님께 기도하며 간구하기를 결심하고_ **단** 9:3

14) 두 귀에 손가락을 넣고, 침을 뱉으며 그의 혀에 손을 대어 기도

32 사람들이 귀 먹고 말 더듬는 자를 데리고 예수께 나아와 안수하여 주시기를 간구하거늘 **33** 예수께서 그 사람을 따로 데리고 무리를 떠나사 손가락을 그의 양 귀에 넣고 침을 뱉어 그의 혀에 손을 대시며 **34** 하늘을 우러러 탄식하시며 그에게 이르시되 에바다 하시니 이는 열리라는 뜻이라_ **막** 7:32-34

12. 누구의 이름으로 기도해야 하는가

그날에는 너희가 아무것도 내게 묻지 아니하리라 내가 진실로 진실로 너희에게 이르노니 너희가 무엇이든지 아버지께 구하는 것을 내 이름으로 주시리라_ **요** 16:23

아버지께 간구할 때 예수님의 이름으로 기도해야 한다.

13. 기도하는 자는 어떻게 살아야 하는가

> 유월절 전에 예수께서 자기가 세상을 떠나 아버지께로 돌아가실 때가 이른 줄
> 아시고 세상에 있는 자기 사람들을 사랑하시되 끝까지 사랑하시니라_요 13:1

사랑이 넘쳐야 예수님의 제자인 줄 안다.

14. 기도의 모범은 어떻게 기도하라고 하는가

주기도문은 예수님의 제자들이 예수님에게 어떻게 기도해야 할지 가
르쳐 달라고 하여서 주님이 친히 가르쳐 주신 기도다. 당시 유대 사회는
회당에서 함께 기도문을 낭송하였다. 유대인들에게는 '카다쉬'라는 짧은
기도문과 18가지의 긴 기도문인 '18번 축복기도'가 있었다. 요한의 제자
들도 역시 자신들의 공동체를 위한 기도문을 가지고 있었다. 유대인들과
요한의 제자들도 예수님께 기도문을 요청하였다. 그래서 예수님도 마침
내 산상수훈 때 제자들에게 기도문을 주셨다.

이 주기도문은 유대인들의 위선적인 기도(마 6:5)와 이방인들의 중언부
언의 기도(마 6:7-8)와 다른 기도다. 이 주기도문은 크게 4파트로 나눌 수
있다.

- **주님의 이름을 부름**
- **주님을 위한 청원들 세 가지**
- **우리를 위한 청원들 세 가지**
- **송영**

주기도문의 핵심은 하나님 나라가 도래하는 것이다. 주님을 위한 청

원들뿐만 아니라 우리를 위한 청원들도 사실은 주님의 나라 확장을 위한 청원들이다.

15. 요한계시록은 성도의 기도가 어떻게 상달된다고 하는가

> 1 일곱째 인을 떼실 때에 하늘이 반 시간쯤 고요하더니 2 내가 보매 하나님 앞에 일곱 천사가 서 있어 일곱 나팔을 받았더라 3 또 다른 천사가 와서 제단 곁에 서서 금 향로를 가지고 많은 향을 받았으니 이는 모든 성도의 기도와 합하여 보좌 앞 금 제단에 드리고자 함이라 4 향연이 성도의 기도와 함께 천사의 손으로부터 하나님 앞으로 올라가는지라_계 8:1-4

성도의 기도가 금향로의 향연과 함께 천사의 손으로부터 하나님께 올라간다고 하였다.

16. 기도를 효과적으로 하려면 어떻게 해야 하는가

1) 기도 제목들을 기록해야 한다

a. 민족을 위한 기도 제목 3가지!

b. 교회를 위한 기도 제목 3가지!

c. 가정을 위한 기도 제목 3가지!

2) 합심해서 기도하는 시간을 갖는다

3) 때로 부르짖으며 기도한다

4) 믿고 간구한다

5) 정욕과 욕심으로 간구하지 않는다

❓ 요즘 성령님이 지적하시고 생각나게 하시는 죄를 회개하고 있는가?

17. 성숙하게 기도하기 위해서는 어떻게 기도해야 하는가

1) 주님의 의를 먼저 구해야 한다

그런즉 너희는 먼저 그의 나라와 그의 의를 구하라 그리하면 이 모든 것을 너희에게 더하시리라_마 6:33

2) 아버지의 뜻이 이루어지도록 기도해야 한다

나의 원대로 마시옵고 아버지의 원대로 하옵소서_마 26:39

3) 하나님을 만날 만한 때에 찾아야 한다

너희는 여호와를 만날 만한 때에 찾으라 가까이 계실 때에 그를 부르라_사 55:6

18. 모세와 여호수아는 어떻게 기도할 때 승리하였는가

모세가 손을 들면 **이스라엘** 이 이기고 손을 내리면 **아말렉** 이 이기더니_

출 17:11

기도는 영적으로 기도만 하는 것이 아니라 실제로 삶에서 싸우는 싸움도 있어야 한다. 조지 뮬러는 한 가지 중요한 빈곤이 있는데 그것은 " 기도 의 빈곤"이라고 하였다.

과제

☑ 말씀암송

마태복음 18:20

두세 사람이 내 이름으로 모인 곳에는

나도 그들 중에 있느니라

☑ 실천사항

16번 질문에서 배우고 나눈 내용으로

두세 명이 짝을 지어 기도하기

    ☐ 민족을 위한 기도 제목 3가지

    ☐ 교회를 위한 기도 제목 3가지

    ☐ 가정을 위한 기도 제목 3가지

합심하여 부르짖으며 기도하는 시간을 갖는다.

☑ 메모

_____

_____

_____

_____

Why

chapter 4

기도의 이유

1. 왜 기도해야 하는가

1) 하나님의 생각을 알기 위해

> 8 이는 내 생각이 너희의 생각과 다르며 내 길은 너희의 길과 다름이니라 여호와의 말씀이니라 9 이는 하늘이 땅보다 높음 같이 내 길은 너희의 길보다 높으며 내 생각은 너희의 생각보다 높음이니라_ 사 55:8-9

하나님의 생각과 내 생각이 다르다. 하나님이 원하시는 길과 내가 원하는 길이 다르기에 기도해야 한다.

2) 회복 되기 위해

> 18 나의 하나님이여 귀를 기울여 들으시며 눈을 떠서 우리의 황폐한 상황과 주의 이름으로 일컫는 성을 보옵소서 우리가 주 앞에 간구하옵는 것은 우리의 공의를 의지하여 하는 것이 아니요 주의 큰 긍휼을 의지하여 함이니이다 19 주여 들으소서 주여 용서하소서 주여 귀를 기울이시고 행하소서 지체하지 마옵소서 나의 하나님이여 주 자신을 위하여 하시옵소서 이는 주의 성과 주의 백성이 주의 이름으로 일컫는 바 됨이니이다_ 단 9:18-19

주의 성과 주의 백성이 회복되도록 기도하였다. 기도의 이유와 목적 중 하나가 바로 '회복'이다.

3) 원수 를 사랑하고, 박해하는 자를 위해

> 나는 너희에게 이르노니 너희 원수를 사랑하며 너희를 박해하는 자를 위하여 기도하라_ 마 5:44

원수와 핍박하는 자, 모욕하는 자를 용서하는 것은 나 자신의 자유를 위한 것이다. 내가 미움의 감정으로부터 자유하게 된다. 이러한 기도가 없으면 내 마음에 저주와 미움의 쓴 뿌리가 내리고 꽃이 피게 된다. 계속 나를 괴롭히게 된다. 이들을 위한 공격적인 기도를 해야 승리한다. 내 마음에서 저주와 미움을 쫓아내라.

원수와 핍박하는 자를 품을 수 있도록 기도해야 한다.

4) 시험에 들지 않기 위해

> 시험에 들지 않게 깨어 기도하라 마음에는 원이로되 육신이 약하도다 하시고_
> 마 26:41

누구나 자기의 약한 부분을 잘 알고, 그 약한 부분에 시험이 찾아온다는 것을 안다. 문제는 그러면서도 그 약점을 위해서 기도하지 않는 것이다. 약한 부분을 위해 미리미리 기도하라.

그렇다면 왜 사람은 시험에 드는가?

> 욕심이 잉태한즉 죄를 낳고 죄가 장성한즉 사망을 낳느니라_ 약 1:15

욕심이 잉태되어 죄를 낳고, 타락하여서 그렇다.

> 그런데 너희는 이르기를 주의 길이 공평하지 아니하다 하는도다 이스라엘 족
> 속아 들을지어다 내 길이 어찌 공평하지 아니하냐 너희 길이 공평하지 아니한
> 것이 아니냐_ 겔 18:25

주님이 우리 인생에 주신 길이 공평하지 않아 보이기 때문이다.

5) 용서 하기 위해

> 서서 기도할 때에 아무에게나 혐의가 있거든 용서하라 그리하여야 하늘에 계
> 신 너희 아버지께서도 너희 허물을 사하여 주시리라 하시니라_ 막 11:25

용서하지 않는 것은 결국 나를 묶어놓는 것이다. 기도를 막고 영적 기도를 막는 것이다. 기도하려고 애쓰기보다, 기도를 방해하는 요소인 용서하지 못하는 마음을 없애기 위해서 노력해야 한다.

우리가 믿음으로 변화 받지 못하면 세상이 우리를 변화시킨다. 기도로 성품이 변화되어야 한다. 기도 속에서 주님과의 깊은 교제가 없으면 영적인 힘을 잃는다. 세상에게 밀리게 된다. 기도를 통한 성령 안에서의 사역만이 세상을 이긴다.

6) 다투고, 싸우는 정욕을 따라 살지 않기 위해

너희 중에 싸움이 어디로부터 다툼이 어디로부터 나느냐 너희 지체 중에서 싸우는 정욕으로부터 나는 것이 아니냐_약 4:1

7) 믿음 이 떨어지지 않기 위해

그러나 내가 너를 위하여 네 믿음이 떨어지지 않기를 기도하였노니 너는 돌이킨 후에 네 형제를 굳게 하라_눅 22:32

8) 성령 충만을 위해

여자들과 예수의 어머니 마리아와 예수의 아우들과 더불어 마음을 같이하여 오로지 기도에 힘쓰더라_행 1:14

성령 충만을 위하여 마음을 같이하여 오로지 기도에 힘써야 한다.

9) 회개 하기 위해

그러므로 너의 이 악함을 회개하고 주께 기도하라 혹 마음에 품은 것을 사하여 주시리라_행 8:22

회개를 위하여 늘 깊은 기도를 해야 한다. 미움과 증오는 항상 깊은 곳에 숨어 있으므로 쉽게 해결되지 않는다. 미움과 증오는 무의식 속에 숨어 있다. 그러므로 기도를 깊은 차원에서 해야만 이긴다. 성령님의 도우심을 통해야만 가능하다. 기도는 성령의 도우심으로 깊어진다. 성령님과 함께 그런 부분을 공격하라.

10) 염려하지 않도록 하기 위해

> 아무것도 염려하지 말고 다만 모든 일에 기도와 간구로, 너희 구할 것을 감사함
> 으로 하나님께 아뢰라_ **빌 4:6**

염려 속에서 하는 기도는 온전하지 않다. 염려할 일이 다가와도, 염려 속에 빠지지 말아야 한다. 염려에 빠지면 기도할 수 없다.

11) 감사 하기 위해

> 기도를 계속하고 기도에 감사함으로 깨어 있으라_ **골 4:2**

감사하는 마음에 하나님의 은혜가 임하게 된다. 기뻐하고 감사하는 것은 하나님의 좋은 것으로 우리 마음을 채워놓는 것이다. 이것이 바로 하나님의 은혜의 기초석이다.

12) 거룩하기 위해

> 하나님께서 지으신 모든 것이 선하매 감사함으로 받으면 버릴 것이 없나니_ **딤**
> **전 4:4**

기도를 통하여 하나님의 거룩하심이 내 안으로, 내 심령으로 흘러들어오게 된다. 기도하면서 준비하고 전하는 거룩한 설교는 설교와 함께 하나님의 은총과 거룩함이 성도들에게 흘러들어간다. 기도로 채워진 것은 자연히 밖으로 흘러나오게 되어 있다.

13) 귀신을 내쫓기 위해

28 집에 들어가시매 제자들이 조용히 묻자오되 우리는 어찌하여 능히 그 귀신을 쫓아내지 못하였나이까 **29** 이르시되 기도 외에 다른 것으로는 이런 종류가 나갈 수 없느니라 하시니라_ **막 9:28-29**

14) 병자가 낫도록 하기 위해

그러므로 너희 죄를 서로 고백하며 병이 낫기를 위하여 서로 기도하라 의인의 간구는 역사하는 힘이 큼이니라_ **약 5:16**

야고보는 병자를 위하여 서로 기도하라고 하였다. 이는 의인의 간구는 역사하는 힘이 많기 때문이라고 하였다.

2. 왜 우리는 기도할 수 있는가

그를 향하여 우리가 가진 바 담대함이 이것이니 그의 뜻대로 무엇을 구하면 들으심이라_ **요일 5:14**

담대히 주님의 뜻대로 기도하면 들으시기 때문이다.

3. 예수님은 왜 기도하라고 명령하셨는가

시험에 들지 않게 깨어 기도하라 마음에는 원이로되 육신이 약하도다 하시고_ **마 26:41**

예수님은 "시험에 들지 않게 깨어 기도하라"고 말씀하셨다.

4. 욥은 왜 자신과 자신의 자녀들을 위해 번제의 예배를 드렸는가

그들이 차례대로 잔치를 끝내면 욥이 그들을 불러다가 성결하게 하되 아침에
일어나서 그들의 명수대로 번제를 드렸으니 이는 욥이 말하기를 혹시 내 아들
들이 죄를 범하여 마음으로 하나님을 욕되게 하였을까 함이라 욥의 행위가 항
상 이러하였더라_ **욥 1:5**

잔치하는 동안 혹 죄를 범하여 하나님을 욕되게 하지 않았을지 몰라
번제를 드렸다.

5. 예수님은 십자가에서 돌아가실 때 왜 자신을 위해 울지 말라고 하셨는가

예수께서 돌이켜 그들을 향하여 이르시되 예루살렘의 딸들아 나를 위하여 울
지 말고 너희와 너희 자녀를 위하여 울라_ **눅 23:28**

예수님을 위해서가 아니라 예루살렘 거주민들과 그 자녀들을 위하여
울라고 하셨다.

6. 왜 주님은 예수님의 이름으로 기도할 때 그 기도를 받으시는가

13 너희가 내 이름으로 무엇을 구하든지 내가 행하리니 이는 아버지로 하여금
아들로 말미암아 영광을 받으시게 하려 함이라 14 내 이름으로 무엇이든지 내
게 구하면 내가 행하리라_ **요 14:13-14**

아버지 하나님께서 아들로 말미암아 영광을 받으시게 하려 하심이다.
예수님은 자신의 이름으로 기도하는 자의 기도를 듣고, 역사해 주신다.

7. 왜 하나님은 기도를 들어주셔야 하는가

• 하나님과의 언약 과 그 약속하신 체면 때문

• 하나님은 아빠 아버지이기 때문

• 하나님은 기도를 듣고, 역사 하기를 기뻐하시기 때문

8. 왜 기도의 자리에 머물러야 하는가

5 내가 주께 대하여 귀로 듣기만 하였사오나 이제는 눈으로 주를 뵈옵나이다 6 그러므로 내가 스스로 거두어들이고 티끌과 재 가운데에서 회개하나이다_욥 42:5-6

자신의 연약함을 발견하고 회개할 수 있다.

주 여호와의 말씀이니라 이스라엘 족속아 내가 너희 각 사람이 행한 대로 심판할지라 너희는 돌이켜 회개하고 모든 죄에서 떠날지어다 그리한즉 그것이 너희에게 죄악의 걸림돌이 되지 아니하리라_겔 18:30

회개하고 돌아와야 한다.

9. 왜 기도 응답을 받지 못하는가

1 너희 중에 싸움이 어디로부터 다툼이 어디로부터 나느냐 너희 지체 중에서 싸우는 정욕으로부터 나는 것이 아니냐 2 너희는 욕심을 내어도 얻지 못하여 살인하며 시기하여도 능히 취하지 못하므로 다투고 싸우는도다 너희가 얻지 못함은 구하지 아니하기 때문이요 3 구하여도 받지 못함은 정욕으로 쓰려고 잘못 구하기 때문이라_약 4:1-3

- **정욕** 으로 구하여서

- 욕심을 내어서

- **시기** 해서

- 다투고 싸워서

- 하나님의 **뜻** 을 구하지 않아서

10. 왜 근심하지 않고 기도해야 하는가

성경에 '근심'이라는 단어는 120번 정도 나오는데 고린도후서 2장과 7장에 집중적으로 나온다. 왜 근심하지 않고 기도해야 할까? 우리 안에 있는 근심 대신 기도를 통해 하나님의 위로를 받기 위함이다.

11. 왜 작정기도를 해야 하는가

하나님 앞에 전심으로 나아가기 위해서이다. 성경에 믿음의 사람은 어떻게 결단하며 주님께 나아갔는가?

1) 죽으면 죽으리라

에스더

당신은 가서 수산에 있는 유다인을 다 모으고 나를 위하여 금식하되 밤낮 삼 일을 먹지도 말고 마시지도 마소서 나도 나의 시녀와 더불어 이렇게 금식한 후에 규례를 어기고 왕에게 나아가리니 죽으면 죽으리이다 하니라_에 4:16

2) 나와 내 집은 여호와를 섬기리라

여호수아

> 만일 여호와를 섬기는 것이 너희에게 좋지 않게 보이거든 너희 조상들이 강 저
> 쪽에서 섬기던 신들이든지 또는 너희가 거주하는 땅에 있는 아모리 족속의 신
> 들이든지 너희가 섬길 자를 오늘 택하라 오직 나와 내 집은 여호와를 섬기겠노
> 라 하니_수 24:15

3) 내가 새벽을 깨우리로다

다윗

> 내 영광아 깰지어다 비파야, 수금아, 깰지어다 내가 새벽을 깨우리로다_시 57:8

Q 인생을 살면서 언제 하나님 앞에
결단하고, 작정하며 기도하였는가?

12. 왜 기도를 쉬는 것이 죄가 되는가

사무엘은 기도하기를 쉬는 것이 죄라고 하였다.

> 나는 너희를 위하여 기도하기를 쉬는 죄를 여호와 앞에 결단코 범하지 아니하
> 고 선하고 의로운 길을 너희에게 가르칠 것인즉_삼상 12:23

솔로몬은 기브온 산당에서 일천 번제를 드렸다. 그날 밤 하나님은 솔
로몬에게 나타나셔서 무엇을 줄지 물으셨다. 그때 솔로몬은 지혜를 간구
하였다.

솔로몬의 기도는 자신이 정말 평소에 원하던 것을 간구한 것이다.

13. 왜 두세 사람이 모여서 기도해야 하는가

진실로 다시 너희에게 이르노니 너희 중의 두 사람이 땅에서 합심하여 무엇이
든지 구하면 하늘에 계신 내 아버지께서 그들을 위하여 이루게 하시리라 두세
사람이 내 이름으로 모인 곳에는 나도 그들 중에 있느니라_마 18:19-20

과제

☑ 말씀암송

골로새서 4:2

기도를 계속하고 기도에 감사함으로 깨어 있으라

☑ 실천사항

매일 구별된 시간을 만들고 기도하기

시간   :

☑ 메모

When

chapter 5

기도의 시간과 타이밍

1. 여러분은 보통 언제 기도하는가, 그 시간을 적으라!

2. 성경은 기도를 언제 하였다고 하는가

1) 새벽 아직 밝기도 전에

새벽 아직도 밝기 전에 예수께서 일어나 나가 한적한 곳으로 가사 거기서 기도하시더니_막 1:35

2) 아침에

여호와여 아침에 주께서 나의 소리를 들으시리니 아침에 내가 주께 기도하고 바라리이다_시 5:3

3) 제 6시에 (오후 12시)

이튿날 그들이 길을 가다가 그 성에 가까이 갔을 그때에 베드로가 기도하려고 지붕에 올라가니 그 시각은 제 육 시더라_행 10:9

4) 제 9시에 (오후 3시)

제 구 시 기도 시간에 베드로와 요한이 성전에 올라갈새_행 3:1

베드로와 요한은 제 9시에 기도하였다.

5) 밤에

밤에 내 영혼이 주를 사모하였사온즉 내 중심이 주를 간절히 구하오리니 이는 주께서 땅에서 심판하시는 때에 세계의 거민이 의를 배움이니이다_사 26:9

6) 밤새도록

이때에 예수께서 기도하시러 산으로 가사 밤이 새도록 하나님께 기도하시고_눅 6:12

7) 밤낮으로

내가 밤낮 간구하는 가운데 쉬지 않고 너를 생각하여 청결한 양심으로 조상적부터 섬겨 오는 하나님께 감사하고_딤후 1:3

8) 아침, 점심, 저녁, 하루 세 번

다니엘이 이 조서에 왕의 도장이 찍힌 것을 알고도 자기 집에 돌아가서는 윗방에 올라가 예루살렘으로 향한 창문을 열고 전에 하던 대로 하루 세 번씩 무릎을 꿇고 기도하며 그의 하나님께 감사하였더라_단 6:10

9) 항상, 쉬지 않고

쉬지 말고 기도하라_살전 5:17

10) 운명하는 순간까지

무릎을 꿇고 크게 불러 이르되 주여 이 죄를 그들에게 돌리지 마옵소서 이 말을 하고 자니라_행 7:60

Q 새벽 혹 밤 언제 기도하는 시간을 갖고 있는가?

하루에 기도하는 시간은 몇 분 정도 되는가?

기도의 다짐

나 [   ]는(은) 앞으로

매일 [:   ]부터 [:   ]까지

하루 [   ]분 기도하기를 결단합니다!

이름: _____ (서명)

---

3. 언제 기도해야 하는가

- 환난 중에

- 고난 중에

- 시험 중에

- 핍박 중에

- 전쟁 중에

- 논쟁 중에

- 낙담 중에

- 욕심날 때

- 영적 전쟁 때

- 가난할 때

- 비참할 때

- 질투 날 때

- 우울할 때

- 두려울 때

- 질병에 걸렸을 때

- 관계가 안 좋을 때

- 사랑하는 사람을 잃었을 때

- 중대한 결정을 하기 전에

Q 어떤 상황이 다가올 때 당신은 가장 기도하기 힘든가?

4. 믿음의 인물은 언제 기도하였는가

요나가 물고기 뱃속에서 그의 하나님 여호와께 기도하여_욘 2:1

요나는 물고기 뱃속에서 기도했다.

우리가 바벨론의 여러 강변 거기에 앉아서 시온을 기억하며 울었도다_시 137:1

이스라엘은 바벨론에 포로로 가 있을 때 강변에서 울면서 하나님 앞에 있었다. 포로 생활 중에 기도한 선지자의 눈물을 하나님께서 기억하사 다시 고향 이스라엘로 귀환하도록 하셨다.

한밤중에 바울과 실라가 기도하고 하나님을 찬송하매 죄수들이 듣더라_행 16:25

감옥에서도 밤에 바울과 실라는 기도하고, 하나님을 찬미하였다.

5. 언제 기도하고, 언제 찬송해야 히는가

너희 중에 고난 당하는 자가 있느냐 그는 기도할 것이요 즐거워하는 자가 있느
냐 그는 찬송할지니라_약 5:13

고난 당하는 자는 기도하고, 즐거워하는 자는 찬송하라고 하였다.

6. 언제까지 기도하고 인내해야 하는가

시니어 제자 훈련자의 간증

여호와께서는 죄악에 빠져 타락한 유다 백성을 다 멸망시키고
싶으셨지만 그 깊은 사랑이 있었기에 남은 그루터기를 거룩한 자
손으로 자라게 하셨습니다.

그 용서와 깊은 사랑을 어떻게 헤아릴 수 있겠습니까?

저도 하나의 그루터기가 되어 하나님의 영광의 통로로 쓰임 받는
모습으로 살게 하여 주시옵소서. 성령님께서 저에게 말씀하십니다.

"지한아! 너는 몸무게가 80kg이나 되는 건장한 몸을 갖고 있었
지. 너는 건강에 누구보다 자신 있었고, 자만에 차 있었지. 그러
나 너의 몸이 속에서 썩어져 가는 것을 느끼지 못하고 있었지.

어느 날 갑자기 숨조차 쉴 수 없을 정도로 망가져 있음을 뒤늦
게 너는 깨달았지. 아내의 부축을 받으며 대학병원에 갔지.

그때 너의 몸무게가 69kg으로 빠져서 네가 입은 양복은 어린
이가 양복을 입은 모습과 다를 바가 없었지.

천식, 기관지, 심장, 폐 등 정상적인 것은 하나도 없었지. 너는
너의 생명의 등불이 꺼져 가는 것은 아닌가 하는 두려운 생각으
로 가득차 있었지.

만나는 사람마다 그 건장한 모습에서 수척하고 초췌해진 너의

모습을 보고 '오래 살 것 같지 않군' 하고 말로는 못하고 속으로는 다 그렇게들 생각했었지. 그래도 너는 정신을 차리지 못하고, 하나님께로 돌아올 생각을 하지 않고 있었지. 하나님의 무서운 징계라는 것은 생각에도 미치지 못했었지.

네가 왜 이렇게 미련한지 나는 안타까웠다. 그러나 나는 너를 너무나 사랑했지. 저렇게 죄 많은 모습으로 너를 지옥으로 보내고 싶지는 않았지. 왜냐하면 너의 아내가 너를 위하여 끊임없이 눈물로 기도하는 모습을 보았기 때문이지.

아내의 권유로 너는 아내와 같이 가고 싶지 않은 오산리 기도원에도 몇 차례 갔었지. 처음에는 통성기도와 복음성가 악기 소리에 적응을 못해 불만스런 모습으로 예배에 임했었지. 69kg의 환자 중 환자의 모습으로 오로지 병을 고치기 위해 예배의 준비도 없이 참석했지. 처음에는 전혀 변할 것 같지 않았지. 그러나 날이 갈수록 견고하게 굳어져 있던 너의 벽이 조금씩 허물어지는 모습을 나는 발견할 수 있었지."

하나님께서 저를 저버리실 수 있었음에도 불구하시고, 저를 마지막까지 포기하지 아니하시고, 구원과 사랑으로 채워 주사 하나의 그루터기가 되게 하셔서 과거의 모든 죄를 용서해 주시고, 새싹이 되게 해 주신 은혜 너무 감사합니다.

유다 백성처럼 하나님을 외면하고 원망하면서 온갖 죄악에 빠져 순종하지 못한 이 죄인을 있는 모습 그대로 받아 주시고, 사랑으로 채워 주신 은혜 감사합니다.

이제부터라도 주님의 무궁하고 깊은 사랑 헤아릴 수 없지만, 그 사랑 받아 이웃에게 사랑으로 다가서는 모습으로 살겠습니다. 주님! 감사합니다.

Q 누구를 위해 인내하며 중보기도하고,
주님께 돌아오도록 해야 할까?

7. 인생을 살면서 언제 드렸던 기도가 가장 기억에 남는가

8. 하나님은 히스기야가 간절히 기도할 때 언제 기적적 역사를 일으켜 주셨는가

> 1 그때에 히스기야가 병들어 죽게 되매 아모스의 아들 선지자 이사야가 그에게 나아와서 그에게 이르되 여호와의 말씀이 너는 집을 정리하라 네가 죽고 살지 못하리라 하셨나이다 2 히스기야가 낯을 벽으로 향하고 여호와께 기도하여 이르되 3 여호와여 구하오니 내가 진실과 전심으로 주 앞에 행하며 주께서 보시기에 선하게 행한 것을 기억하옵소서 하고 히스기야가 심히 통곡하더라 4 이사야가 성읍 가운데까지도 이르기 전에 여호와의 말씀이 그에게 임하여 이르시되 5 너는 돌아가서 내 백성의 주권자 히스기야에게 이르기를 왕의 조상 다윗의 하나님 여호와의 말씀이 내가 네 기도를 들었고 네 눈물을 보았노라 내가 너를 낫게 하리니 네가 삼 일 만에 여호와의 성전에 올라가겠고 6 내가 네 날에 십오 년을 더할 것이며 내가 너와 이 성을 앗수르 왕의 손에서 구원하고 내가 나를 위하고 또 내 종 다윗을 위하므로 이 성을 보호하리라 하셨다 하라 하셨더라 _ 왕하 20:1-6

히스기야가 병들어 죽게 되었을 때 여호와 하나님께 심히 통곡하며 간절히 기도하였다. 그때 하나님은 기도를 들어주셨고, 생명을 15년 연장해 주셨다.

9. 마지막 때가 가까울수록 무엇을 위해 더 기도해야 하는가

> 2 너는 말씀을 전파하라 때를 얻든지 못 얻든지 항상 힘쓰라 범사에 오래 참음과 가르침으로 경책하며 경계하며 권하라 3 때가 이르리니 사람이 바른 교훈을 받지 아니하며 귀가 가려워서 자기의 사욕을 따를 스승을 많이 두고 4 또 그 귀

를 진리에서 돌이켜 허탄한 이야기를 따르리라 **5** 그러나 너는 모든 일에 신중하여 고난을 받으며 전도자의 일을 하며 네 직무를 다하라_ **딤후 4:2-5**

- 말씀을 더 전파하도록

- 범사에 오래 참고, 가르침으로 경책하고 경계하도록

- 바른 교훈을 받도록

- 자기의 사욕을 따르지 않도록

- 진리에서 돌이켜 허탄한 이야기를 따르지 않도록

- 모든 일에 신중하도록

- 고난을 받으며 전도자의 직무를 다하도록

10. 일을 결정할 때 어떻게 기도해야 하는가

Q 사울이 죽었을 때 다윗은 어떻게 행동하였는가?

여호와께 묻는 다윗

그 후에 다윗이 여호와께 여쭈어 아뢰되 내가 유다 한 성읍으로 올라가리이까 여호와께서 이르시되 올라가라 다윗이 아뢰되 어디로 가리이까 이르시되 헤브론으로 갈지니라_ **삼하 2:1**

11. 사도행전에서 기도할 때 어떤 역사가 일어났는가

1) 못 걷게 된 자를 고치는 베드로 와 요한

1 제 구시 기도 시간에 베드로와 요한이 성전에 올라갈새 **2** 나면서 못 걷게 된 이를 사람들이 메고 오니 이는 성전에 들어가는 사람들에게 구걸하기 위하여 날마다 미문이라는 성전 문에 두는 자라 **3** 그가 베드로와 요한이 성전에 들어 가려 함을 보고 구걸하거늘 **4** 베드로가 요한과 더불어 주목하여 이르되 우리를 보라 하니 **5** 그가 그들에게서 무엇을 얻을까 하여 바라보거늘 **6** 베드로가 이르 되 은과 금은 내게 없거니와 내게 있는 이것을 네게 주노니 나사렛 예수 그리스 도의 이름으로 일어나 걸으라 하고 **7** 오른손을 잡아 일으키니 발과 발목이 곧 힘을 얻고 **8** 뛰어 서서 걸으며 그들과 함께 성전으로 들어가면서 걷기도 하고 뛰기도 하며 하나님을 찬송하니 **9** 모든 백성이 그 걷는 것과 하나님을 찬송함 을 보고 **10** 그가 본래 성전 미문에 앉아 구걸하던 사람인 줄 알고 그에게 일어난 일로 인하여 심히 놀랍게 여기며 놀라니라 _**행** 3:1-10

2) 베드로가 죽은 다비다(도르가)를 살림

36 욥바에 다비다라 하는 여제자가 있으니 그 이름을 번역하면 도르가라 선행 과 구제하는 일이 심히 많더니 **37** 그때에 병들어 죽으매 시체를 씻어 다락에 누 이니라 **38** 룻다가 욥바에서 가까운지라 제자들이 베드로가 거기 있음을 듣고 두 사람을 보내어 지체 말고 와 달라고 간청하여 **39** 베드로가 일어나 그들과 함 께 가서 이르매 그들이 데리고 다락방에 올라가니 모든 과부가 베드로 곁에 서 서 울며 도르가가 그들과 함께 있을 때에 지은 속옷과 겉옷을 다 내보이거늘 **40** 베드로가 사람을 다 내보내고 무릎을 꿇고 기도하고 돌이켜 시체를 향하여 이 르되 다비다야 일어나라 하니 그가 눈을 떠 베드로를 보고 일어나 앉는지라 **41** 베드로가 손을 내밀어 일으키고 성도들과 과부들을 불러 들여 그가 살아난 것 을 보이니 **42** 온 욥바 사람이 알고 많은 사람이 주를 믿더라 _**행** 9:36-42

3) 옥에 갇힌 베드로를 구출함

5 이에 베드로는 옥에 갇혔고 교회는 그를 위하여 간절히 하나님께 기도하더라 **6** 헤롯이 잡아 내려고 하는 그 전날 밤에 베드로가 두 군인 틈에서 두 쇠사슬에 매여 누워 자는데 파수꾼들이 문 밖에서 옥을 지키더니 **7** 홀연히 주의 사자가 나타나매 옥중에 광채가 빛나며 또 베드로의 옆구리를 쳐 깨워 이르되 급히 일어나라 하니 쇠사슬이 그 손에서 벗어지더라 **8** 천사가 이르되 띠를 띠고 신을 신으라 하거늘 베드로가 그대로 하니 천사가 또 이르되 겉옷을 입고 따라오라 한대 **9** 베드로가 나와서 따라갈새 천사가 하는 것이 생시인 줄 알지 못하고 환상을 보는가 하니라 **10** 이에 첫째와 둘째 파수를 지나 시내로 통한 쇠문에 이르니 문이 저절로 열리는지라 나와서 한 거리를 지나매 천사가 곧 떠나더라 **11** 이에 베드로가 정신이 들어 이르되 내가 이제야 참으로 주께서 그의 천사를 보내어 나를 헤롯의 손과 유대 백성의 모든 기대에서 벗어나게 하신 줄 알겠노라 하여 **12** 깨닫고 마가라 하는 요한의 어머니 마리아의 집에 가니 여러 사람이 거기에 모여 기도하고 있더라 **13** 베드로가 대문을 두드린대 로데라 하는 여자 아이가 영접하러 나왔다가 **14** 베드로의 음성인 줄 알고 기뻐하여 문을 미처 열지 못하고 달려 들어가 말하되 베드로가 대문 밖에 섰더라 하니 **15** 그들이 말하되 네가 미쳤다 하나 여자 아이는 힘써 말하되 참말이라 하니 그들이 말하되 그러면 그의 천사라 하더라 **16** 베드로가 문 두드리기를 그치지 아니하니 그들이 문을 열어 베드로를 보고 놀라는지라 **17** 베드로가 그들에게 손짓하여 조용하게 하고 주께서 자기를 이끌어 옥에서 나오게 하던 일을 말하고 또 야고보와 형제들에게 이 말을 전하라 하고 떠나 다른 곳으로 가니라_행 12:5-17

4) 걷지 못하는 자를 고치심

8 루스드라에 발을 쓰지 못하는 한 사람이 앉아 있는데 나면서 걷지 못하게 되어 걸어 본 적이 없는 자라 **9** 바울이 말하는 것을 듣거늘 바울이 주목하여 구원받을 만한 믿음이 그에게 있는 것을 보고 **10** 큰 소리로 이르되 네 발로 바로 일어서라 하니 그 사람이 일어나 걷는지라_행 14:8-10

바울이 나면서 걷지 못하게 된 자를 고쳤다.

5) 옥터 에 큰 지진이 일어남

19 여종의 주인들은 자기 수익의 소망이 끊어진 것을 보고 바울과 실라를 붙잡아 장터로 관리들에게 끌어 갔다가 **20** 상관들 앞에 데리고 가서 말하되 이 사람들이 유대인인데 우리 성을 심히 요란하게 하여 **21** 로마 사람인 우리가 받지도 못하고 행하지도 못할 풍속을 전한다 하거늘 **22** 무리가 일제히 일어나 고발하니 상관들이 옷을 찢어 벗기고 매로 치라 하여 **23** 많이 친 후에 옥에 가두고 간수에게 명하여 든든히 지키라 하니 **24** 그가 이러한 명령을 받아 그들을 깊은 옥에 가두고 그 발을 차꼬에 든든히 채웠더니 **25** 한밤중에 바울과 실라가 기도하고 하나님을 찬송하매 죄수들이 듣더라 **26** 이에 갑자기 큰 지진이 나서 옥터가 움직이고 문이 곧 다 열리며 모든 사람의 매인 것이 다 벗어진지라 **27** 간수가 자다가 깨어 옥문들이 열린 것을 보고 죄수들이 도망한 줄 생각하고 칼을 빼어 자결하려 하거늘 **28** 바울이 크게 소리 질러 이르되 네 몸을 상하지 말라 우리가 다 여기 있노라 하니 **29** 간수가 등불을 달라고 하며 뛰어 들어가 무서워 떨며 바울과 실라 앞에 엎드리고 **30** 그들을 데리고 나가 이르되 선생들이여 내가 어떻게 하여야 구원을 받으리이까 하거늘 **31** 이르되 주 예수를 믿으라 그리하면 너와 네 집이 구원을 받으리라 하고 **32** 주의 말씀을 그 사람과 그 집에 있는 모든 사람에게 전하더라 **33** 그 밤 그 시각에 간수가 그들을 데려다가 그 맞은 자리를 씻어 주고 자기와 그 온 가족이 다 세례를 받은 후 **34** 그들을 데리고 자기 집에 올라가서 음식을 차려 주고 그와 온 집안이 하나님을 믿으므로 크게 기뻐하니라 _ 행 16:19-34

6) 유두고를 살린 바울의 기도

9 유두고라 하는 청년이 창에 걸터 앉아 있다가 깊이 졸더니 바울이 강론하기를 더 오래하매 졸음을 이기지 못하여 삼 층에서 떨어지거늘 일으켜보니 죽었는지라 **10** 바울이 내려가서 그 위에 엎드려 그 몸을 안고 말하되 떠들지 말라 생명이 그에게 있다 하고 **11** 올라가 떡을 떼어 먹고 오랫동안 곧 날이 새기까지 이야기하고 떠나니라 **12** 사람들이 살아난 청년을 데리고 가서 적지 않게 위로를 받았더라 _ 행 20:9-12

7) 폭풍우를 만난 사람을 구한 기도

21 여러 사람이 오래 먹지 못하였으매 바울이 가운데 서서 말하되 여러분이여 내 말을 듣고 그레데에서 떠나지 아니하여 이 타격과 손상을 면하였더라면 좋을 뻔하였느니라 **22** 내가 너희를 권하노니 이제는 안심하라 너희 중 아무도 생명에는 아무런 손상이 없겠고 오직 배뿐이리라 **23** 내가 속한 바 곧 내가 섬기는 하나님의 사자가 어제 밤에 내 곁에 서서 말하되 **24** 바울아 두려워하지 말라 네가 가이사 앞에 서야 하겠고 또 하나님께서 너와 함께 항해하는 자를 다 네게 주셨다 하였으니 **25** 그러므로 여러분이여 안심하라 나는 내게 말씀하신 그대로 되리라고 하나님을 믿노라_ 행 27:21-25

8) 독사가 바울을 상하게 하지 못함

3 바울이 나무 한 묶음을 거두어 불에 넣으니 뜨거움으로 말미암아 독사가 나와 그 손을 물고 있는지라 **4** 원주민들이 이 짐승이 그 손에 매달려 있음을 보고 서로 말하되 진실로 이 사람은 살인한 자로다 바다에서는 구조를 받았으나 공의가 그를 살지 못하게 함이로다 하더니 **5** 바울이 그 짐승을 불에 떨어 버리매 조금도 상함이 없더라 **6** 그들은 그가 붓든지 혹은 갑자기 쓰러져 죽을 줄로 기다렸다가 오래 기다려도 그에게 아무 이상이 없음을 보고 돌이켜 생각하여 말하되 그를 신이라 하더라_ 행 28:3-6

9) 열병과 이질에 걸린 보블리오를 기도로 치유함

보블리오의 부친이 열병과 이질에 걸려 누워 있거늘 바울이 들어가서 기도하고 그에게 안수하여 낫게 하매_ 행 28:8

12. 언제 안수기도를 해야 하는가

1) 은사 를 부여하기 위해

시몬이 사도들의 안수로 성령 받는 것을 보고 돈을 드려_행 8:18

2) 축복하기 위해

1 예수께서 거기서 떠나 유대 지경과 요단 강 건너편으로 가시니 무리가 다시 모여들거늘 예수께서 다시 전례대로 가르치시더니 2 바리새인들이 예수께 나아와 그를 시험하여 묻되 사람이 아내를 버리는 것이 옳으니이까 3 대답하여 이르시되 모세가 어떻게 너희에게 명하였느냐 4 이르되 모세는 이혼 증서를 써 주어 버리기를 허락하였나이다 5 예수께서 그들에게 이르시되 너희 마음이 완악함으로 말미암아 이 명령을 기록하였거니와 6 창조 때로부터 사람을 남자와 여자로 지으셨으니 7 이러므로 사람이 그 부모를 떠나서 8 그 둘이 한 몸이 될지니라 이러한즉 이제 둘이 아니요 한 몸이니 9 그러므로 하나님이 짝 지어 주신 것을 사람이 나누지 못할지니라 하시더라 10 집에서 제자들이 다시 이 일을 물으니 11 이르시되 누구든지 그 아내를 버리고 다른 데에 장가 드는 자는 본처에게 간음을 행함이요 12 또 아내가 남편을 버리고 다른 데로 시집 가면 간음을 행함이니라 13 사람들이 예수께서 만져 주심을 바라고 어린아이들을 데리고 오매 제자들이 꾸짖거늘 14 예수께서 보시고 노하시어 이르시되 어린아이들이 내게 오는 것을 용납하고 금하지 말라 하나님의 나라가 이런 자의 것이니라 15 내가 진실로 너희에게 이르노니 누구든지 하나님의 나라를 어린아이와 같이 받들지 않는 자는 결단코 그곳에 들어가지 못하리라 하시고 16 그 어린아이들을 안고 그들 위에 안수하시고 축복하시니라_막 10:1-16

3) 성직 을 임명할 때

사도들 앞에 세우니 사도들이 기도하고 그들에게 안수하니라_행 6:6

4) 파송할 때

이에 금식하며 기도하고 두 사람에게 안수하여 보내니라_행 13:3

13. 예수님은 언제 기도하셨는가

1) 고통 중에

이르시되 아버지여 만일 아버지의 뜻이거든 이 잔을 내게서 옮기시옵소서 그러나 내 원대로 마시옵고 아버지의 원대로 되기를 원하나이다 하시니_눅 22:42

2) 새벽에

새벽 아직도 밝기 전에 예수께서 일어나 나가 한적한 곳으로 가사 거기서 기도하시더니_막 1:35

3) 모든 일과를 마치고 밤에

이에 예수께서 제자들과 함께 겟세마네라 하는 곳에 이르러 제자들에게 이르시되 내가 저기 가서 기도할 동안에 너희는 여기 앉아 있으라 하시고_마 26:36

그들이 겟세마네라 하는 곳에 이르매 예수께서 제자들에게 이르시되 내가 기도할 동안에 너희는 여기 앉아 있으라 하시고_막 14:32

14. 언제 기도해야 하는가

> 사람이 감당할 시험 밖에는 너희가 당한 것이 없나니 오직 하나님은 미쁘사 너
> 희가 감당하지 못할 시험 당함을 허락하지 아니하시고 시험 당할 즈음에 또한
> 피할 길을 내사 너희로 능히 감당하게 하시느니라_고전 10:13

사람이 감당할 수 없는 시험을 당할 때 기도해야 한다.

15. 인생을 살면서 우리는 언제 특별히 더 기도해야 하는가

가톨릭에서는 7성례라고 하여 인생의 중요한 시기에 일곱 번 성례를
베풀었다.

가톨릭 7성례

그리스도께서 세우신 성례는 세례와 성찬 두 가지 뿐이다. 그
러나 로마 가톨릭에서는 성례가 변형되어 7개로 늘어났다.

---

1) 영세(Baptism)

가톨릭은 세례를 통해서 죄에서 해방되고 하나님의 자녀로 다시 태어
나며 교회와 한 몸을 이룬다는 의식을 거행했다.

2) 성체 성사(Eucharist)

미사는 제사를 의미하여 미사를 통해서 죄로부터 분리된다고 가르친다.

3) 견진 성사(Confirmation)

토마스 아퀴나스(Thomas Aquinas)의 신학적 이론에 따라 체계화, 교리화된 것으로 견진 성사는 세례를 재확인하는 의식이다.

4) 고해 성사(Confession)

가톨릭 신자는 반드시 고해 성사를 정기적으로 해야 한다.

5) 결혼 성사(Marriage)

가톨릭 신자의 결혼은 반드시 사제 앞에서만 행해야 한다.

6) 성품 성사(Ordination)

성품 성사는 거룩한 권한, 그리스도의 권한을 맡기는 사제에게 내리는 성사이다.

7) 종유 성사(Extreme unction)

기독교에서는 성도의 임종이 다가오면 본인과 가족들이 마음을 준비하도록 임종 예배를 한다.

이렇게 7성례를 하는데 이런 7성례에 문제가 없는 것은 아니다. 그러나 다른 각도에서 보면, 이런 7성례를 행할 정도로 인생에서 중요한 시기라는 의미이기도 하다. 그렇다면 기도를 할 때 이런 7성례 시기와 관련하여 기도를 잘 해야 한다.

- 어릴 때

- 예배를 드릴 때

- 자신의 신앙을 돌아보고 확인할 때

- 죄를 고할 때

- 결혼할 때

- 직분을 받을 때

- 임종이 다가 올 때

Q 인생을 살 때 언제 더 기도해야 할 것 같은가?
서로 나누어 보라!

과제

☑ **말씀암송**

야고보서 5:13

너희 중에 고난 당하는 자가 있느냐

그는 기도할 것이요 즐거워하는 자가 있느냐

그는 찬송할지니라

☑ **실천사항**

매일 정해진 시간에 기도하기

☑ **메모**

_____

_____

_____

_____

_____

Where

chapter 6

기도의 장소

1. 사람마다 기도하는 자리가 있는데, 당신의 기도하는 자리는 어디인가

2. 베드로와 요한은 어디로 기도하러 갔는가
   기도하러 가는 도중 어떤 기적을 일으켰는가

> 1 제 구 시 기도 시간에 베드로와 요한이 성전에 올라갈새 2 나면서 못 걷게 된 이를 사람들이 메고 오니 이는 성전에 들어가는 사람들에게 구걸하기 위하여 날마다 미문이라는 성전 문에 두는 자라 3 그가 베드로와 요한이 성전에 들어 가려 함을 보고 구걸하거늘 4 베드로가 요한과 더불어 주목하여 이르되 우리를 보라 하니 5 그가 그들에게서 무엇을 얻을까 하여 바라보거늘 6 베드로가 이르 되 은과 금은 내게 없거니와 내게 있는 이것을 네게 주노니 나사렛 예수 그리스 도의 이름으로 일어나 걸으라 하고 7 오른손을 잡아 일으키니 발과 발목이 곧 힘을 얻고 8 뛰어 서서 걸으며 그들과 함께 성전으로 들어가면서 걷기도 하고 뛰기도 하며 하나님을 찬송하니 9 모든 백성이 그 걷는 것과 하나님을 찬송함 을 보고 10 그가 본래 성전 미문에 앉아 구걸하던 사람인 줄 알고 그에게 일어난 일로 인하여 심히 놀랍게 여기며 놀라니라_ **행 3:1-10**

　베드로와 요한은 성전에 기도하러 올라가다가 성전 앞에서 구걸하는 자를 보고, 은과 금은 주지 못했지만 예수님의 이름으로 걷지 못하는 자 를 일으켰다.

3. 야곱에게는 평생 잊을 수 없는 장소가 있었다. 그 장소는 어디며, 어떤
   서원 기도를 드렸는가

> 10 야곱이 브엘세바에서 떠나 하란으로 향하여 가더니 11 한 곳에 이르러는 해 가 진지라 거기서 유숙하려고 그곳의 한 돌을 가져다가 베개로 삼고 거기 누워 자더니 12 꿈에 본즉 사닥다리가 땅 위에 서 있는데 그 꼭대기가 하늘에 닿았고

또 본즉 하나님의 사자들이 그 위에서 오르락내리락하고 ¹³ 또 본즉 여호와께서 그 위에 서서 이르시되 나는 여호와니 너의 조부 아브라함의 하나님이요 이삭의 하나님이라 네가 누워 있는 땅을 내가 너와 네 자손에게 주리니 ¹⁴ 네 자손이 땅의 티끌 같이 되어 네가 서쪽과 동쪽과 북쪽과 남쪽으로 퍼져나갈지며 땅의 모든 족속이 너와 네 자손으로 말미암아 복을 받으리라 ¹⁵ 내가 너와 함께 있어 네가 어디로 가든지 너를 지키며 너를 이끌어 이 땅으로 돌아오게 할지라 내가 네게 허락한 것을 다 이루기까지 너를 떠나지 아니하리라 하신지라 ¹⁶ 야곱이 잠이 깨어 이르되 여호와께서 과연 여기 계시거늘 내가 알지 못하였도다 ¹⁷ 이에 두려워하여 이르되 두렵도다 이곳이여 이것은 다름 아닌 하나님의 집이요 이는 하늘의 문이로다 하고 ¹⁸ 야곱이 아침에 일찍이 일어나 베개로 삼았던 돌을 가져다가 기둥으로 세우고 그 위에 기름을 붓고 ¹⁹ 그곳 이름을 벧엘이라 하였더라 이 성의 옛 이름은 루스더라 ²⁰ 야곱이 서원하여 이르되 하나님이 나와 함께 계셔서 내가 가는 이 길에서 나를 지키시고 먹을 떡과 입을 옷을 주시어 ²¹ 내가 평안히 아버지 집으로 돌아가게 하시오면 여호와께서 나의 하나님이 되실 것이요 ²² 내가 기둥으로 세운 이 돌이 하나님의 집이 될 것이요 하나님께서 내게 주신 모든 것에서 십분의 일을 내가 반드시 하나님께 드리겠나이다 하였더라_ 창 28:10-22

야곱은 브엘세바에서 하란으로 형 에서를 피해 도망가다가 잠이 들었다. 그때 꿈을 꾸다가 천사가 오르락내리락하는 것을 보았고, 하나님 앞에 서원을 하였다.

Q 당신이 기도를 하면서 은혜를 받은 장소,
혹 잊을 수 없는 하나님을 만난 장소는 어디인가?

4. 예수님은 어디서 기도하셨는가

1) 겟세마네에서

이에 예수께서 제자들과 함께 겟세마네라 하는 곳에 이르러 제자들에게 이르
시되 내가 저기 가서 기도할 동안에 너희는 여기 앉아 있으라 하시고_마 26:36

예수님은 겟세마네에서 기도하셨다. 예수님은 늘 기도하시던 장소가
있으셨다.

2) 한적한 곳에서

예수는 물러가사 한적한 곳에서 기도하시니라_눅 5:16

예수님은 한적한 곳에서 기도하셨다.

Q 나의 기도처는 어디인가?
왜 거기서 기도하기를 즐겨하는가?

5. 성경에서는 믿음의 사람들이 어떤 장소에서 기도하였는가

1) 산에서

모세가 여호수아에게 이르되 우리를 위하여 사람들을 택하여 나가서 아말렉과
싸우라 내일 내가 하나님의 지팡이를 손에 잡고 산 꼭대기에 서리라_출 17:9

이때에 예수께서 기도하시러 산으로 가사 밤이 새도록 하나님께 기도하시고_
눅 6:12

무리를 보내신 후에 기도하러 따로 산에 올라가시니라 저물매 거기 혼자 계시더니_ 마 14:23

2) 광야에서

1 그때에 예수께서 성령에게 이끌리어 마귀에게 시험을 받으러 광야로 가사 2 사십 일을 밤낮으로 금식하신 후에 주리신지라_ 마 4:1-2

3) 집에서

오랫동안 그 마술에 놀랐으므로 그들이 따르더니_ 행 8:11

고넬료가 이르되 내가 나흘 전 이맘때까지 내 집에서 제 구 시 기도를 하는데 갑자기 한 사람이 빛난 옷을 입고 내 앞에 서서_ 행 10:30

깨닫고 마가라 하는 요한의 어머니 마리아의 집에 가니 여러 사람이 거기에 모여 기도하고 있더라_ 행 12:12

4) 구덩이 속에서

여호와여 내가 심히 깊은 구덩이에서 주의 이름을 불렀나이다_ 애 3:55

5) 골방에서

너는 기도할 때에 네 골방에 들어가 문을 닫고 은밀한 중에 계신 네 아버지께 기도하라 은밀한 중에 보시는 네 아버지께서 갚으시리라_ 마 6:6

6) 물고기 뱃 속에서

요나가 물고기 뱃속에서 그의 하나님 여호와께 기도하여_ 욘 2:1

6. 예수님은 하나님의 성전이 어떤 처소가 되기를 원하시는가

그들에게 이르시되 기록된 바 내 집은 기도하는 집이라 일컬음을 받으리라 하였거늘 너희는 강도의 소굴을 만드는도다 하시니라_ 마 21:13

7. 예수님은 십자가 위에서 무엇을 하셨는가

예수께서 큰 소리로 불러 이르시되 아버지 내 영혼을 아버지 손에 부탁하나이다 하고 이 말씀을 하신 후 숨지시니라_ 눅 23:46

십자가 위에서 기도하셨다.

Ⓠ 예수님은 십자가에서 자신을 메시아로 인정하지 못하고,
죽이려는 자를 어떻게 하셨는가?

이에 예수께서 이르시되 아버지 저들을 사하여 주옵소서 자기들이 하는 것을 알지 못함이니이다 하시더라 그들이 그의 옷을 나눠 제비 뽑을새_ 눅 23:34

Ⓠ 나 자신은 누구를 위해 기도하고,
품으며 살아야 하는가?

8. 어떤 상황 속에서도 기도해야 하는가

그 형제를 미워하는 자마다 살인하는 자니 살인하는 자마다 영생이 그 속에 거하지 아니하는 것을 너희가 아는 바라_ 요일 3:15

지체를 미워하고, 살인하려는 마음이 들더라 기도해야 한다.

¹ 이스라엘 자손들이 온전히 바친 물건으로 말미암아 범죄하였으니 이는 유다 지파 세라의 증손 삽디의 손자 갈미의 아들 아간이 온전히 바친 물건을 가졌음이라 여호와께서 이스라엘 자손들에게 진노하시니라 ² 여호수아가 여리고에서 사람을 벧엘 동쪽 벧아웬 곁에 있는 아이로 보내며 그들에게 말하여 이르되 올라가서 그 땅을 정탐하라 하매 그 사람들이 올라가서 아이를 정탐하고 ³ 여호수아에게로 돌아와 그에게 이르되 백성을 다 올라가게 하지 말고 이삼천 명만 올라가서 아이를 치게 하소서 그들은 소수이니 모든 백성을 그리로 보내어 수고롭게 하지 마소서 하므로 ⁴ 백성 중 삼천 명쯤 그리로 올라갔다가 아이 사람 앞에서 도망하니 ⁵ 아이 사람이 그들을 삼십육 명쯤 쳐죽이고 성문 앞에서부터 스바림까지 쫓아가 내려가는 비탈에서 쳤으므로 백성의 마음이 녹아 물 같이 된지라 ⁶ 여호수아가 옷을 찢고 이스라엘 장로들과 함께 여호와의 궤 앞에서 땅에 엎드려 머리에 티끌을 뒤집어쓰고 저물도록 있다가 ⁷ 이르되 슬프도소이다 주 여호와여 어찌하여 이 백성을 인도하여 요단을 건너게 하시고 우리를 아모리 사람의 손에 넘겨 멸망시키려 하셨나이까 우리가 요단 저쪽을 만족하게 여겨 거주하였더면 좋을 뻔하였나이다 ⁸ 주여 이스라엘이 그의 원수들 앞에서 돌아섰으니 내가 무슨 말을 하오리이까 ⁹ 가나안 사람과 이 땅의 모든 사람들이 듣고 우리를 둘러싸고 우리 이름을 세상에서 끊으리니 주의 크신 이름을 위하여 어떻게 하시려 하나이까 하니 ¹⁰ 여호와께서 여호수아에게 이르시되 일어나라 어찌하여 이렇게 엎드렸느냐 ¹¹ 이스라엘이 범죄하여 내가 그들에게 명령한 나의 언약을 어겼으며 또한 그들이 온전히 바친 물건을 가져가고 도둑질하며 속이고 그것을 그들의 물건들 가운데에 두었느니라 ¹² 그러므로 이스라엘 자손들이 그들의 원수 앞에 능히 맞서지 못하고 그 앞에서 돌아섰나니 이는 그들도 온전히 바친 것이 됨이라 그 온전히 바친 물건을 너희 중에서 멸하지 아니하면 내가 다시는 너희와 함께 있지 아니하리라 ¹³ 너는 일어나서 백성을 거룩하게 하여 이르기를 너희는 내일을 위하여 스스로 거룩하게 하라 이스라엘의 하나님 여호와의 말씀에 이스라엘아 너희 가운데에 온전히 바친 물건이 있나니 너희가 그 온전히 바친 물건을 너희 가운데에서 제하기까지는 네 원수들 앞에 능히 맞서지 못하리라_수 7:1-13

작은 아이 성을 공격할 때도, 큰 전쟁을 할 때도 기도해야 한다. 공동체 안에 죄가 있는지 여쭈며 기도해야 한다.

형제들아 내가 우리 주 예수 그리스도의 이름으로 너희를 권하노니 모두가 같
은 말을 하고 너희 가운데 분쟁이 없이 같은 마음과 같은 뜻으로 온전히 합하
라_**고전 1:10**

시기, 질투, 분쟁이 있을 때 공동체를 위해 기도하고, 하나가 되도록
해야 한다.

그가 또 그 땅에 기근이 들게 하사 그들이 의지하고 있는 양식을 다 끊으셨도
다_**시 105:16**

기근이 있을 때 그 땅을 위해 기도해야 한다.

21 그 바라는 것은 피조물도 썩어짐의 종노릇한 데서 해방되어 하나님의 자녀
들의 영광의 자유에 이르는 것이니라 **22** 피조물이 다 이제까지 함께 탄식하며
함께 고통을 겪고 있는 것을 우리가 아느니라_**롬 8:21-22**

피조물이 탄식하고, 고통을 겪을 때 기도해야 한다.

9. 왜 사람은 경건하도록 기도하고, 마음 밭을 깨끗하게 해야 하는가

24 더러운 귀신이 사람에게서 나갔을 때에 물 없는 곳으로 다니며 쉬기를 구하
되 얻지 못하고 이에 이르되 내가 나온 내 집으로 돌아가리라 하고 **25** 가서 보니
그 집이 청소되고 수리되었거늘 **26** 이에 가서 저보다 더 악한 귀신 일곱을 데리고
들어가서 거하니 그 사람의 나중 형편이 전보다 더 심하게 되느니라_**눅 11:24-26**

타락하는 근원인 사람의 마음 밭을 바로잡기 위해 기도해야 한다.

10. 다윗은 사울이 죽은 뒤 왕의 자리를 차지해도 되었다. 그러나 그는 어떻게 기도하였는가

> 1 그 후에 다윗이 여호와께 여쭈어 아뢰되 내가 유다 한 성읍으로 올라가리이까 여호와께서 이르시되 올라가라 다윗이 아뢰되 어디로 가리이까 이르시되 헤브론으로 갈지니라 2 다윗이 그의 두 아내 이스르엘 여인 아히노암과 갈멜 사람 나발의 아내였던 아비가일을 데리고 그리로 올라갈 때에 3 또 자기와 함께한 추종자들과 그들의 가족들을 다윗이 다 데리고 올라가서 헤브론 각 성읍에 살게 하니라_ **삼하 2:1-3**

다윗은 사울이 죽은 뒤 왕좌를 차지하고, 북 이스라엘 10지파를 피로 물들이며 정복하고 왕이 되었다. 그러나 다윗은 헤브론이라는 도시로 가서 7년 6개월 동안 머물렀다.

Q 그런 다윗에게 어떤 일이 일어났는가?

> 1 이스라엘 모든 지파가 헤브론에 이르러 다윗에게 나아와 이르되 보소서 우리는 왕의 한 골육이니이다 2 전에 곧 사울이 우리의 왕이 되었을 때에도 이스라엘을 거느려 출입하게 하신 분은 왕이시었고 여호와께서도 왕에게 말씀하시기를 네가 내 백성 이스라엘의 목자가 되며 네가 이스라엘의 주권자가 되리라 하셨나이다 하니라 3 이에 이스라엘 모든 장로가 헤브론에 이르러 왕에게 나아오매 다윗 왕이 헤브론에서 여호와 앞에 그들과 언약을 맺으매 그들이 다윗에게 기름을 부어 이스라엘 왕으로 삼으니라 4 다윗이 나이가 삼십 세에 왕위에 올라 사십 년 동안 다스렸으되 5 헤브론에서 칠 년 육 개월 동안 유다를 다스렸고 예루살렘에서 삼십삼 년 동안 온 이스라엘과 유다를 다스렸더라_ **삼하 5:1-5**

다윗이 하나님께 기도할 때 하나님이 다윗에게 내려가 있으라고 하신 헤브론에서 7년 6개월 동안 있을 때, 북 이스라엘 10지파가 내려와 왕이 되어 달라고 하였다. 피 한 방울 흘리지 않고, 통일을 이루었다.

Q 남쪽과 북쪽이 통일되기 위해 우리는 어떻게 기도하고,
노력해야 하는가?

11. 어디로 갈지, 무엇을 하기 전 우리는 기도해야 한다. 최근 내 앞에 놓인 큰 일은 무엇이고, 어떻게 기도해야 하는가

12. 지금 기도가 필요한 곳은 어디인지 적고 서로 나누라!

- 기도가 필요한 가정?

- 기도가 필요한 부서 혹 공동체?

- 기도가 필요한 교회?

- 기도가 필요한 선교지 & 선교사님?

- 기도가 필요한 나라 & 문제?

과제

☑ **말씀암송**

마태복음 6:6

너는 기도할 때에 네 골방에 들어가 문을 닫고

은밀한 중에 계신 네 아버지께 기도하라

은밀한 중에 보시는 네 아버지께서 갚으시리라

☑ **실천사항**

12번에 나눈 내용들을 위해 매일 기도하기

☑ **메모**

_____

_____

_____

_____

기도와 관련된 성경 구절

너희가 내게 부르짖으며 내게 와서 기도하면 내가 너희들의 기도를 들을 것이요_렘 29:12

나는 너희에게 이르노니 너희 원수를 사랑하며 너희를 박해하는 자를 위하여 기도하라_마 5:44

또 너희는 기도할 때에 외식하는 자와 같이 하지 말라 그들은 사람에게 보이려고 회당과 큰 거리 어귀에 서서 기도하기를 좋아하느니라 내가 진실로 너희에게 이르노니 그들은 자기 상을 이미 받았느니라_마 6:5

너는 기도할 때에 네 골방에 들어가 문을 닫고 은밀한 중에 계신 네 아버지께 기도하라 은밀한 중에 보시는 네 아버지께서 갚으시리라_마 6:6

또 기도할 때에 이방인과 같이 중언부언하지 말라 그들은 말을 많이 하여야 들으실 줄 생각하느니라_마 6:7

그러므로 너희는 이렇게 기도하라 하늘에 계신 우리 아버지여 이름이 거룩히 여김을 받으시오며_마 6:9

구하라 그리하면 너희에게 주실 것이요 찾으라 그리하면 찾아낼 것이요 문을 두드리라 그리하면 너희에게 열릴 것이니 구하는 이마다 받을 것이요 찾는 이는 찾아낼 것이요 두드리는 이에게는 열릴 것이니라_마 7:7-8

너희가 악한 자라도 좋은 것으로 자식에게 줄 줄 알거든 하물며 하늘에 계신 너희 아버지께서 구하는 자에게 좋은 것으로 주시지 않겠느냐_마 7:11

그들에게 이르시되 기록된 바 내 집은 기도하는 집이라 일컬음을 받으리라 하였거늘 너희는 강도의 소굴을 만드는도다 하시니라_마 21:13

너희가 기도할 때에 무엇이든지 믿고 구하는 것은 다 받으리라 하시니라_마 21:22

기도 양육 101

이 잔을 내게서 지나가게 하옵소서 그러나 나의 원대로 마시옵고 아버지의 원대로 하옵소서 하시고_ 마 26:39

시험에 들지 않게 깨어 기도하라 마음에는 원이로되 육신이 약하도다 하시고_ 마 26:41

다시 두 번째 나아가 기도하여 이르시되 내 아버지여 만일 내가 마시지 않고는 이 잔이 내게서 지나갈 수 없거든 아버지의 원대로 되기를 원하나이다 하시고_ 마 26:42

그러므로 내가 너희에게 말하노니 무엇이든지 기도하고 구하는 것은 받은 줄로 믿으라 그리하면 너희에게 그대로 되리라_ 막 11:24

예수께서 한 곳에서 기도하시고 마치시매 제자 중 하나가 여짜오되 주여 요한이 자기 제자들에게 기도를 가르친 것과 같이 우리에게도 가르쳐 주옵소서_ 눅 11:1

예수께서 이르시되 너희는 기도할 때에 이렇게 하라 아버지여 이름이 거룩히 여김을 받으시오며 나라가 임하시오며_ 눅 11:2

이러므로 너희는 장차 올 이 모든 일을 능히 피하고 인자 앞에 서도록 항상 기도하며 깨어 있으라 하시니라_ 눅 21:36

그러나 내가 너를 위하여 네 믿음이 떨어지지 않기를 기도하였노니 너는 돌이킨 후에 네 형제를 굳게 하라_ 눅 22:32

그곳에 이르러 그들에게 이르시되 유혹에 빠지지 않게 기도하라 하시고_ 눅 22:40

그들을 떠나 돌 던질 만큼 가서 무릎을 꿇고 기도하여_ 눅 22:41

예수께서 힘쓰고 애써 더욱 간절히 기도하시니 땀이 땅에 떨어지는 핏방울 같이 되더라_ 눅 22:44

기도 후에 일어나 제자들에게 가서 슬픔으로 인하여 잠든 것을 보시고_ 눅 22:45

이르시되 어찌하여 자느냐 시험에 들지 않게 일어나 기도하라 하시니라_ **눅 22:46**

너희가 내 이름으로 무엇을 구하든지 내가 행하리니 이는 아버지로 하여금 아들로 말미암아 영광을 받으시게 하려 함이라 내 이름으로 무엇이든지 내게 구하면 내가 행하리라_ **요 14:13-14**

너희가 내 안에 거하고 내 말이 너희 안에 거하면 무엇이든지 원하는 대로 구하라 그리하면 이루리라_ **요 15:7**

그날에는 너희가 아무것도 내게 묻지 아니하리라 내가 진실로 진실로 너희에게 이르노니 너희가 무엇이든지 아버지께 구하는 것을 내 이름으로 주시리라 지금까지는 너희가 내 이름으로 아무것도 구하지 아니하였으나 구하라 그리하면 받으리니 너희 기쁨이 충만하리라_ **요 16:23-24**

그러면 어떻게 할까 내가 영으로 기도하고 또 마음으로 기도하며 내가 영으로 찬송하고 또 마음으로 찬송하리라_ **고전 14:15**

너희도 우리를 위하여 간구함으로 도우라 이는 우리가 많은 사람의 기도로 얻은 은사로 말미암아 많은 사람이 우리를 위하여 감사하게 하려 함이라_ **고후 1:11**

모든 기도와 간구를 하되 항상 성령 안에서 기도하고 이를 위하여 깨어 구하기를 항상 힘쓰며 여러 성도를 위하여 구하라_ **엡 6:18**

아무것도 염려하지 말고 다만 모든 일에 기도와 간구로, 너희 구할 것을 감사함으로 하나님께 아뢰라_ **빌 4:6**

우리가 너희를 위하여 기도할 때마다 하나님 곧 우리 주 예수 그리스도의 아버지께 감사하노라_ **골 1:3**

이로써 우리도 듣던 날부터 너희를 위하여 기도하기를 그치지 아니하고 구하노니 너희로 하여금 모든 신령한 지혜와 총명에 하나님의 뜻을 아는 것으로 채우게 하시고_ **골 1:9**

기도를 계속하고 기도에 감사함으로 깨어 있으라_ **골 4:2**

또한 우리를 위하여 기도하되 하나님이 전도할 문을 우리에게 열어 주사 그리스도의 비밀을 말하게 하시기를 구하라 내가 이 일 때문에 매임을 당하였노라_ **골 4:3**

쉬지 말고 기도하라_ **살전 5:17**

그러므로 내가 첫째로 권하노니 모든 사람을 위하여 간구와 기도와 도고와 감사를 하되_ **딤전 2:1**

하나님의 말씀과 기도로 거룩하여짐이라_ **딤전 4:5**

너희 중에 누구든지 지혜가 부족하거든 모든 사람에게 후히 주시고 꾸짖지 아니하시는 하나님께 구하라 그리하면 주시리라_ **약 1:5**

그러므로 너희 죄를 서로 고백하며 병이 낫기를 위하여 서로 기도하라 의인의 간구는 역사하는 힘이 큼이니라_ **약 5:16**

엘리야는 우리와 성정이 같은 사람이로되 그가 비가 오지 않기를 간절히 기도한즉 삼 년 육 개월 동안 땅에 비가 오지 아니하고_ **약 5:17**

다시 기도하니 하늘이 비를 주고 땅이 열매를 맺었느니라_ **약 5:18**

무엇이든지 구하는 바를 그에게서 받나니 이는 우리가 그의 계명을 지키고 그 앞에서 기뻐하시는 것을 행함이라_ **요일 3:22**

그를 향하여 우리가 가진 바 담대함이 이것이니 그의 뜻대로 무엇을 구하면 들으심이라 우리가 무엇이든지 구하는 바를 들으시는 줄을 안즉 우리가 그에게 구한 그것을 얻은 줄을 또한 아느니라_ **요일 5:14-15**

나는 너희를 위하여 기도하기를 쉬는 죄를 여호와 앞에 결단코 범하지 아니하고 선하고 의로운 길을 너희에게 가르칠 것인즉너희는 여호와께서 너희를 위하여 행하신 그 큰 일을 생각하여 오직 그를 경외하며 너희의 마음을 다하여 진실히 섬기라만일 너희가 여전히 악을 행하면 너희와 너희 왕이 다 멸망하리라_ **삼상 12:23-24**

네가 부를 때에는 나 여호와가 응답하겠고 네가 부르짖을 때에는 내가 여기 있다 하리라_ **사 58:9**

시온에 거주하며 예루살렘에 거주하는 백성아 너는 다시 통곡하지 아니할 것이라 그가 네 부르짖는 소리로 말미암아 네게 은혜를 베푸시되 그가 들으실 때에 네게 응답하시리라_ **사 30:19**

그들이 부르기 전에 내가 응답하겠고 그들이 말을 마치기 전에 내가 들을 것이며_ **사 65:24**

여호와는 악인을 멀리 하시고 의인의 기도를 들으시느니라_ **잠 15:29**

이로 말미암아 모든 경건한 자는 주를 만날 기회를 얻어서 주께 기도할지라 진실로 홍수가 범람할지라도 그에게 미치지 못하리이다_ **시 32:6**

여호와께서는 자기에게 간구하는 모든 자 곧 진실하게 간구하는 모든 자에게 가까이하시는도다 그는 자기를 경외하는 자들의 소원을 이루시며 또 그들의 부르짖음을 들으사 구원하시리로다_ **시 145:18-19**

너는 내게 부르짖으라 내가 네게 응답하겠고 네가 알지 못하는 크고 은밀한 일을 네게 보이리라_ **렘 33:3**

기도 양육 101 과제
체크리스트

	1주	2주	3주	4주	5주	6주
❶ 출석 체크						
❷ 하루기도 30분 이상						
❸ 암송구절 암기하기						
❹ 3명 이상 중보기도 제목 받기						
❺ 기도문 적어오기 (개인, 가정, 교회, 나라)						

❶ 매주 출석은 ○, 지각은 △, 결석은 × 표시해 주세요.
❷ 하루 30분씩 매일 기도했다면 ○, 어느 정도 했다면 △, 못했다면 ×
   표시해 주세요.
❸ 암송구절을 암송했다면 ○, 못했다면 × 표시해 주세요.
❹ 3명 이상에게 중보기도 제목을 받고 기도했다면 ○, 못했다면 × 표
   시해 주세요.
❺ 매주 1번 기도문을 적고 제출했다면 ○, 적지 못해 제출하지 못했다
   면 × 표시해 주세요.

기 도 양 육

201

기도 양육 201
잘못된 기도 VS 바른 기도를 출간하며

기도는 모든 크리스천에게 중요하다. 왜냐하면 기도는 영혼의 호흡으로 늘 해야 하는 것이기 때문이다. 호흡을 제대로 하지 않으면 몸이 건강할 수 없다. 이처럼 기도를 제대로 하지 못하면 믿음생활이 건강할 수 없다.

신앙의 문제 중 하나는 바로 이 호흡과 같은 기도가 잘못된 것으로부터 비롯될 수 있다. 때로 믿는 자들 중 무속적으로 돌무더기 앞에서 허리를 굽히고 손을 비비며 기도하듯, 무엇인가를 달라고만 간구한다. 이런 기도를 통하여 무엇을 얻어내려고 하는 성도는 하나님과 인격적인 관계를 맺을 수 없다. 이러한 기복신앙 이외에도 죽은 믿음의 기도도 문제이다.

이러한 이유에서 한국의 크리스천들이 기도를 많이 하지만 세상을 변화시키거나 이기지 못하고 있다. 잘못된 기도를 하다 보니 영적으로 어린아이의 수준에서 머물러 있는 경우도 상당하다.

> 이는 젖을 먹는 자마다 어린아이니 의의 말씀을 경험하지 못한 자요 단단한 음식은 장성한 자의 것이니 그들은 지각을 사용함으로 연단을 받아 선악을 분별하는 자들이니라_히 5:13-14

제대로 된 기도의 훈련을 하고, 또 훈련을 받아야 한다.

2021년 4월
김 영 한(Next 세대 Ministry 대표 / 품는교회 담임)

목차

Contents

Wrong prayer

첫번째 잘못된 기도

Q 지금 생각하면 "아, 이건 잘못된 기도인데"라는
생각이 드는 기도를 한 경험이 있는가?

1. 기도에 대한 오해는 어떤 것이 있는가

- **이신론적인** 사고(하나님은 먼 우주에 계시고 우리 삶에 역사하시지 않는다)로 기도한다.

- **숙명론적** 삶을 사는 것처럼 생각하고 기도하지 않는다.

- 기도를 어떤 일을 이루기 위한 도구로 오해한다.

- 기도를 길게 해야만 한다고 생각한다.

- 충분히 기도해야 함을 간과하고, 기도의 시간을 할애하지 않는다.

- 구하면 **바로** 주신다고 생각한다.

- 응답 되지 않은 기도도 하나님의 응답임을 생각지 못한다.

2. 기도 시 잘못된 동기는 무엇인가

¹ 온 땅의 언어가 하나요 말이 하나였더라 ² 이에 그들이 동방으로 옮기다가 시날 평지를 만나 거기 거류하며 ³ 서로 말하되 자, 벽돌을 만들어 견고히 굽자 하고 이에 벽돌로 돌을 대신하며 역청으로 진흙을 대신하고 ⁴ 또 말하되 자, 성읍과 탑을 건설하여 그 탑 꼭대기를 하늘에 닿게 하여 우리 이름을 내고 온 지면에 흩어짐을 면하자 하였더니 ⁵ 여호와께서 사람들이 건설하는 그 성읍과 탑을 보려고 내려오셨더라_창 11:1-5

자신의 이름을 드러내려고 하는 바벨의 그 사람들처럼 자신의 목적을 이루려고 기도하려는 자가 있다.

> **35** 세베대의 아들 야고보와 요한이 주께 나아와 여짜오되 선생님이여 무엇이든
> 지 우리가 구하는 바를 우리에게 하여 주시기를 원하옵나이다 **36** 이르시되 너
> 희에게 무엇을 하여 주기를 원하느냐 **37** 여짜오되 주의 영광 중에서 우리를 하
> 나는 주의 우편에, 하나는 좌편에 앉게 하여 주옵소서_**막 10:35-37**

자신의 나라를 세우려고 하는 것이다. 기도는 자신의 나라 혹 자신의 자리를 마련하려고 하는 것이 아니라 하나님의 나라 혹 하나님의 자리로 내어 드리기 위해 하는 것이다.

> **7** 여러 계시를 받은 것이 지극히 크므로 너무 자만하지 않게 하시려고 내 육체
> 에 가시 곧 사탄의 사자를 주셨으니 이는 나를 쳐서 너무 자만하지 않게 하려
> 하심이라 **8** 이것이 내게서 떠나가게 하기 위하여 내가 세 번 주께 간구하였더
> 니 **9** 나에게 이르시기를 내 은혜가 네게 족하도다 이는 내 능력이 약한 데서 온
> 전하여짐이라 하신지라 그러므로 도리어 크게 기뻐함으로 나의 여러 약한 것
> 들에 대하여 자랑하리니 이는 그리스도의 능력이 내게 머물게 하려 함이라 **10**
> 그러므로 내가 그리스도를 위하여 약한 것들과 능욕과 궁핍과 박해와 곤고를
> 기뻐하노니 이는 내가 약한 그때에 강함이라_**고후 12:7-10**

때로 기도자는 자신의 뜻을 관철하려는 잘못을 저지른다. 바울은 자신의 질병이 낫기를 세 번 이상 기도하였지만 그것이 하나님의 뜻이 아님을 알고 약할 때 강함을 주시는 주님으로 자족했다. 주님을 위해 질병을 가지고도 복음 사역을 끝까지 감당하였다.

> 그런데 뱀은 여호와 하나님이 지으신 들짐승 중에 가장 간교하니라 뱀이 여자
> 에게 물어 이르되 하나님이 참으로 너희에게 동산 모든 나무의 열매를 먹지 말
> 라 하시더냐_**창 3:1**

하나님의 뜻을 정확히 이해하고 전하기보다 왜곡하는 것은 바르지 않은 것이다.

3. 기도 시 주의해야 할 것은 무엇인가

> ⁵ 또 너희는 기도할 때에 외식하는 자와 같이 하지 말라 그들은 사람에게 보이려고 회당과 큰 거리 어귀에 서서 기도하기를 좋아하느니라 내가 진실로 너희에게 이르노니 그들은 자기 상을 이미 받았느니라 ⁶ 너는 기도할 때에 네 골방에 들어가 문을 닫고 은밀한 중에 계신 네 아버지께 기도하라 은밀한 중에 보시는 네 아버지께서 갚으시리라 ⁷ 또 기도할 때에 이방인과 같이 중언부언하지 말라 그들은 말을 많이 하여야 들으실 줄 생각하느니라 _마 6:5-7

1) 바르지 않은 기도는 유독 사람 에게 보이려고 기도한다.

2) 보이는 곳, 회당과 큰 거리 어귀에서 기도하려고 한다.

3) 중언부언 하며 말을 많이 한다.

Q 그렇다면 예수님이 원하시는 기도는 무엇인가?

- 은밀한 중에 보시는 하나님께 기도한다.
- 보이지 않는 골방에서 기도해야 한다.
- 중언부언이 아니라 믿음, 신뢰 를 가지고 기도해야 한다.

Q 중언부언하는 기도는 무엇인가?

- 의미 없는 말만 많이 하다가 끝내는 기도를 말한다.
- 인격적 으로 하나님과 교제를 하지 않는 기도이다.
- 신뢰 없이 그냥 죽은 신에게 던지듯 반복 하여 말하는 것이다.

하나님 아버지는 우리가 구하기 전에 무엇을 필요로 하는지 아신다. 그런 하나님께 감사함으로 그리고 기대감을 가지고 나아가야 한다.

하나님은 기도자의 중심을 보신다. '중심을 보신다'는 의미는 마음으로 하는 기도에 귀를 기울이신다는 의미이다. 우리는 한 마디를 하더라도 마음으로 하는 진정한 기도를 드려야 한다. 하나님은 그런 진정한 기도를 듣고, 역사하신다.

그러므로 중언부언하는 말, 의심하는 생각, 아무런 신뢰감 없는 기도를 멈춰야 한다. 오직 마음 속 깊은 곳에 계신 하나님을 만나려고 해야 한다. 중언부언하는 기도는 대상에 신뢰감 없이 일방적으로 주문이나 염불 외우듯 하는 기도이다.

> 그러므로 그들을 본받지 말라 구하기 전에 너희에게 있어야 할 것을 하나님 너희 아버지께서 아시느니라_마 6:8

위선적인 종교 지도자들이나 믿음이 없는 사람들과 달리 예수님은 하나님 아버지께서 우리에게 무엇이 필요한지 알고 계시기에 신뢰함으로 기도하라고 하셨다.

4. 기도 시 조심해야 할 사항은 무엇인가

1) 자기의 유익 을 구하는 기도

누구든지 자기의 유익을 구하지 말고 남의 유익을 구하라_고전 10:24

2) 자기의 영광 과 사람의 영광 을 구하는 기도

스스로 말하는 자는 자기 영광만 구하되 보내신 이의 영광을 구하는 자는 참되니 그 속에 불의가 없느니라_요 7:18

그러므로 구제할 때에 외식하는 자가 사람에게서 영광을 받으려고 회당과 거리에서 하는 것 같이 너희 앞에 나팔을 불지 말라 진실로 너희에게 이르노니 그들은 자기 상을 이미 받았느니라_마 6:2

3) 외식적인 기도

5 또 너희는 기도할 때에 외식하는 자와 같이 하지 말라 그들은 사람에게 보이려고 회당과 큰 거리 어귀에 서서 기도하기를 좋아하느니라 내가 진실로 너희에게 이르노니 그들은 자기 상을 이미 받았느니라 6 너는 기도할 때에 네 골방에 들어가 문을 닫고 은밀한 중에 계신 네 아버지께 기도하라 은밀한 중에 보시는 네 아버지께서 갚으시리라 7 또 기도할 때에 이방인과 같이 중언부언하지 말라 그들은 말을 많이 하여야 들으실 줄 생각하느니라_마 6:5-7

5. 기도를 하기는 하지만, 주님이 보실 때 잘못된 기도는 어떤 기도인가?

1) 인격적 교제가 아니라 단지 종교적 의무감에서 하는 경우

2) 형식적 이고, 기계적으로 하는 경우

3) 기도하는 시간에만 신경 쓰고 기도의 중요성과 기도 내용을 간과하는 경우

4) 바쁜 일이 있으면 소홀히 하는 경우

5) 생각 나는 대로 기도하다가 허겁지겁 자리를 뜨는 경우

6) 답답하고 문제가 생길 때만 하는 경우

7) 기도 자체가 시간 낭비라고 생각하는 경우

호흡하는 시간이 아까운 사람이 있는가?

기도는 생명줄이다. 기도하면 할수록 하나님의 은혜가 넘친다.

8) 기도해도 아무런 역사가 없다고 생각하는 경우

> **28** 집에 들어가시매 제자들이 조용히 묻자오되 우리는 어찌하여 능히 그 귀신을 쫓아내지 못하였나이까 **29** 이르시되 기도 외에 다른 것으로는 이런 종류가 나갈 수 없느니라 하시니라 _ 막 9:28-29

기도를 통해 놀라운 기적을 체험하고, 귀신도 쫓아 낼 수 있음을 망각하고 산다. 예수님은 귀신을 내쫓지 못한 이유를 기도 외에 다른 것으로는 할 수 없음을 알려 주셨다.

> **24** 그가 이러한 명령을 받아 그들을 깊은 옥에 가두고 그 발을 차꼬에 든든히 채웠더니 **25** 한밤중에 바울과 실라가 기도하고 하나님을 찬송하매 죄수들이 듣더라 **26** 이에 갑자기 큰 지진이 나서 옥터가 움직이고 문이 곧 다 열리며 모든 사람의 매인 것이 다 벗어진지라 _ 행 16:24-26

바울과 실라가 기도할 때 큰 지진이 나서 감옥 문이 열리고, 탈출할 수 있었다.

9) 기도를 하나님과의 협상테이블로 착각하는 경우

10) 기도를 물질의 축복, 건강, 행복을 가져오게 하는 도구로 여기는 경우

6. 바른 기도를 하지 못하는 이유는 무엇인가

1) 영적 무지와 게으름

영적 도전과 훈련을 받아야 한다.

2) 욕심이 가득해서

타락한 인간은 땅을 보고 살면서 탐욕의 노예로 살아간다.

3) 기도 응답을 제대로 경험하지 못해서

오감을 넘어 여섯째 영감을 경험하는 것이 필요하다. 삼겹살도 먹어본 사람이 잘 먹는다.

4) 편협하고 자기만 아는 이기적 신앙

기복적 신앙은 이방인의 것이다.

5) 다른 일 에 바빠서

우선순위가 뒤바뀌면 분주하고, 기도하지 못한다.

술 만드는 수도승

밤에 뜨는 별 메시지
설교제목 '이름 짓기'로 메시지를 나눌 때 한 예화이다.

....

중세시대 수도사들이 있었다. 그런 수도사들 중 특이하게 술 만드는 수도승 이야기를 책에서 읽었다. 그 수도승은 기도하지 않고 예배하지 못하게 되었다. 재정적인 어려움이 있어 술(포도주)을 만드느라 정신이 없었다.

좋은 포도주를 만들수록 돈을 많이 벌어 수도원이 커졌다. 그러자 수도원 사람들은 수도승이 기도하고 영적인 케어를 하는 것보다 좋은 술을 더 만들기를 원하였다. 수도승은 술이 잘 만들어졌는지 날마다 시음을 하다 보니 늘 술에 취해 있었다.

우리는 세상에서 수도승처럼 살 수가 있다. 처음엔 이게 아닌데 이러면 안 되는데 하지만 시간이 지나면서 하나님이 나에게 주신 방향과 뜻을 향해 가지 않는다. 아니, 가지 못한다.

사람들이 우리에게 원하는 일을 하나 둘씩 하면서 언제부턴가 세상에 취해 산다. 세상적인, 인간적인 요구를 따라 가다 보니 어느새 나도 모르게 술 취한 수도승처럼 서 있다. 의식을 갖고 벗어나려고 하지만 오히려 사람들이 내가 원하지 않는 그 일, 혹 그 장소에 있는 게 고맙겠다며 설득하기도 한다.

결국, 우리를 벗어나지 못하게 한다. 기도를 한다는 것은 하나님이 나에게 요구하시는 것이 무엇인지 다시 돌아보는 것이다. 내가 어디에 취해 있는지, 올바르게 깨어서 살아가고 있는지 점검하는 것이다. 하나님의 관점에서 상황을 판단하고, 움직이는 것이다. 기도를 하지 않으면 시대의 흐름에 맞춰서 어떻게 갈까만 생각하게 되고, 어느덧 세상에 취해 소명과 사명을 잃고 살아가게 된다.

6) 육신 에게 져서

그러므로 형제들아 우리가 빚진 자로되 육신에게 져서 육신대로 살 것이 아니
니라_롬 8:12

육신에게 져서 육신대로 살면 기도할 수 없다.

7. 성도에게 기도가 힘든 이유는 무엇인가

1) 특별히 기도를 잘하려고 하기 때문이다

기도에 관한 고정관념에 사로잡혀서 외형적 모습이나 언어의 구사에
너무 신경을 쓰고 있다. 기도는 언어의 구사가 아니다. 눈빛만 보아도 서
로를 아는 관계에서 이루어지는 것이 바른 기도이다.

2) 특정한 장소를 찾아서만 하려고 하기 때문이다

기도는 교회, 산, 기도원, 새벽기도에서 하는 것이라는 기도에 대한
고정관념이 기도를 어렵게 만든다. 자연스럽게 어디서든지 기도할 수 있
어야 한다.

3) 특별한 일 이 있을 때 하려고 하기 때문이다

기계 문명이 발달하고 영적으로 어두운 이 시대에 더욱 기도해야 하
는데, 이러한 잘못된 생각 때문에 영적 실상은 참담하다. 문제로 인해 하
나님이 필요하다고 느껴서는 안 된다.

8. 문제가 생기면 최후수단, 비상대책수단으로 하는 기도는 무엇이 문제인가

기도에 관한 이러한 개념이 진정한 기도의 길을 막는다. 산소는 죽을 것 같을 때만 취하는 것이 아니다. 늘 산소를 섭취하듯 아주 자연스럽게, 호흡하듯 기도해야 한다. 문제가 생긴 다음에 그 문제 때문에 하는 기도보다 미리미리 하는 풍성한 기도를 해야 한다.

9. 의무감으로 하는 기도도 문제지만 전혀 기도의 의무감 없이 신앙 생활하는 것은 무엇이 문제인가

> 예수께서 돌이켜 그들을 향하여 이르시되 예루살렘의 딸들아 나를 위하여 울지 말고 너희와 너희 자녀를 위하여 울라_ 눅 23:28

예수님은 부모라면 자녀를 위해 기도하라고 하셨다. 영적인 부모라면 우리는 영적 자녀를 위해서 기도해야 한다. 기도를 통하여 하나님의 은혜가 충만해져야 말씀도 전하고, 봉사도 하게 된다.

삶의 모든 구석구석에서 하나님의 은혜를 받고, 하나님의 간섭과 인도함이 있어야 한다. 삶이 하나님과 일치되어야 하나님의 일을 할 수 있게 된다. 하나님을 믿으며, 하나님의 일을 하면서도 마음이 하나님과 일치되지 않으면 하나님의 일을 하는 것이 아니다.

성경은 알지만 하나님의 마음은 모르는 상태에서는 하나님의 일을 할 수가 없다. 기도를 많이 한다고 해서 하나님의 마음과 일치되는 것이 아니다. 그러므로 기도는 많이 하는 것보다 바르게 하는 것이 중요하고, 깊이 하는 것이 중요하다. 바르게 하고 깊이 하는 기도를 해야 내 속에서 올라오는 인간적 생각과 수단을 다스릴 수 있고, 그래야 직분을 제대로 감당할 수가 있다.

이것은 오직 올바른 기도로만 가능하다. 기도는 이 땅에서 하나님과 연결되고, 하나님의 은혜를 받을 수 있는 유일한 길이기 때문이다. 오직 기도를 통하여 속에서 솟아오르는 이성과 육체의 욕심을 거부하고 하나님의 뜻을 좇아갈 수 있다.

Q 모두에게 기도가 필요하지만 성직자, 직분자에게 왜 더 중요한가?

사무엘은 기도하기를 쉬는 죄를 범하지 않겠다고 하였다.

> 나는 너희를 위하여 기도하기를 쉬는 죄를 여호와 앞에 결단코 범하지 아니하고 선하고 의로운 길을 너희에게 가르칠 것인즉_삼상 12:23

10. 기도를 받으시지 않게 하는 기도자의 문제는 무엇인가

> 1 여호와의 손이 짧아 구원하지 못하심도 아니요 귀가 둔하여 듣지 못하심도 아니라 2 오직 너희 죄악이 너희와 너희 하나님 사이를 갈라 놓았고 너희 죄가 그의 얼굴을 가리어서 너희에게서 듣지 않으시게 함이니라_사 59:1-2

죄가 있기에 기도를 받지 않으시는 것이다.

11. 기도를 혼자서만 하려고 하는 것은 어떤 문제를 생기게 하는가

> 두세 사람이 내 이름으로 모인 곳에는 나도 그들 중에 있느니라_마 18:20

공동체 멤버들과 함께 기도하는 것을 꺼리는 것은 문제가 될 수 있다.

혼자서만 기도하려고 하는 것은 좋은 기도의 습관이 아니다. 혼자서 조용히 하나님과 교제하고 대화할 수 있어야 하지만 같이 연합으로도 기도해야 한다.

Q 같이 기도하면 어떤 좋은 점이 있는가?

• 서로 신앙을 나눌 때 잘못된 신앙적 **편견** 으로 빠지지 않는다.
• 이기적으로 **자신** 만을 위해서 기도하지 않게 된다.
• 다른 사람의 기도 제목도 듣게 되어 더 간절히 기도해 주고, 신경써 줄 수 있다.

12. 기도의 개념, 동기, 목적을 잘 모르고 무조건 기도하는 것은 왜 잘못되었는가

기도를 오랫동안 길게 한다고 잘하는 것이 아니다. 바르게 기도하는 것이 중요하다.

Q 기도를 할 때 잘못된 동기 혹 목적을 가지고 기도했던 경험이 있는가?

과제

☑ **말씀암송**

마태복음 6:6

너는 기도할 때에 네 골방에 들어가 문을 닫고

은밀한 중에 계신 네 아버지께 기도하라

은밀한 중에 보시는 네 아버지께서 갚으시리라

☑ **하루 30분씩 매일 기도해 주세요.**

☑ **3명 이상에게 중보기도 제목을 받고, 기도해 주세요.**

☑ **기도문을 적어 제출해 주세요.**

[개인, 가정, 교회, 나라를 위한 기도]

☑ **메모**

_____

_____

_____

_____

Wrong prayer

chapter 2

두번째 잘못된 기도

1. 기도의 응답을 잘 못받는 이유는 무엇인가

1) 일방적 소통

상대는 상관없이 혼자서만 이야기하고, 듣지 않는다.

2) 신뢰의 부재

하나님을 향한 믿음과 신뢰가 없다면 기도자는 불안하게 된다. 기다리지 않는다. 바로 움직이고, 사람을 만나 하소연하고, 사고를 친다.

하나님을 신뢰하는 자는 살아 계신 하나님을 만나고 체험한다. 마귀가 보여 주는 세상 영광은 허상임을 안다. 진정 영적인 눈으로 주님을 더 바라보는 기도자가 되어 간다.

3) 기도의 응답을 받아들이지 않는 것

🇶 기도의 응답은 몇 가지가 있을까?

- 바로 응답 되는 경우가 있다.
- 더 기다려야 하는 때가 있다.
- 무응답이 응답인 경우가 있다.

바로 응답을 받으면 좋다. 그러나 때로 더 기다려야 한다. 한 가지 더 응답이 없는 것이 응답일 수 있다.

4) '하나님의 음성을 직접 들었다'고 하는 것

자기 생각에 사로잡혀 내면의 소리를 하나님이 말씀하신 것으로 착각해서는 안 된다.

5) 예언 기도 를 받으려고 따라다니고 지나치게 의존하는 것

선지자의 말은 그 열매로 안다고 하였다. 거짓 예언자들을 조심해야 한다. 말씀 중심이 되지 않으면 귀에 듣기 좋은 말이나 신비적인 것을 추구하다 영적으로 건강하지 못하게 된다.

2. 기도할 때 이방인과 달리 어떻게 기도해야 하는가

이방인처럼 불신 가운데 간구하지 않아야 한다.

구하기 전에 너희에게 있어야 할 것을 하나님 너희 아버지께서 아시느니라_마 6:8

구하기 위해 기도를 시작하고, 무엇인가를 구하기만 하다가 기도를 끝내지 말아야 한다.

Q 기도는 하나님과의 관계에서 어떤 것인가?

- 기도는 사랑하는 아버지를 만나는 것이다.
- 아버지와 **관계**를 맺는 것이다.
- 깊은 교제를 하는 것이다.
- 아버지와 함께 시간을 보내는 것이다.
- 아버지에게 감사하고 **사랑**을 고백하는 것이다.

Q '이름이 거룩히 여김을 받으시오며 나라가 임하시오며,
뜻이 하늘에서 이루어진 것 같이 땅에서도 이루어지이다'라고
기도를 드리는 자의 삶은 어떠해야 하는가?

- 하나님의 뜻 을 아는 것이다.

- 아버지가 원하시는 것을 아는 것이다.

- 그리고 그것을 위해서 내 마음을 드리는 것이다.

- 내 삶 을 드리는 것이다.

- 내 뜻을 드리는 것이다.

- 내 열정을 드려야 한다.

이것이 바로 '이름이 거룩히 여김을 받으시오며, 나라가 임하시오며 뜻이 하늘에서 이루어진 것 같이 땅에서도 이루어지이다' 하는 기도를 드리는 자의 삶이다.

3. 응답받지 못하는 기도는 어떻게 기도할 때 그런가

이기적이며 자기중심적인 기도는 응답받지 못한다. 오히려 하나님께 열심히 기도했지만 응답받지 못한 것으로 원망을 일으킬 수 있다. 이러한 사람은 하나님을 바라보기 전에 먼저 자신을 성찰해야 한다.

1) 이기적이거나 정욕 에 쓰려는 기도인 경우

1 너희 중에 싸움이 어디로부터 다툼이 어디로부터 나느냐 너희 지체 중에서 싸우는 정욕으로부터 나는 것이 아니냐 2 너희는 욕심을 내어도 얻지 못하여 살인하며 시기하여도 능히 취하지 못하므로 다투고 싸우는도다 너희가 얻지 못함은 구하지 아니하기 때문이요 3 구하여도 받지 못함은 정욕으로 쓰려고 잘 못 구하기 때문이라_ 약 4:1-3

2) 인간 중심적 기도인 경우

3) 조건부 식의 기도인 경우

4. 방언 기도에 대한 오해는 무엇인가

- 성령을 의지하면 **누구나** 할 수 있다고 한다.
- 방언을 해야 구원의 확신과 확증을 논한다.
- 방언 기도 내용을 역으로 **통역** 하면서 하나님의 뜻을 알 수 있다고 한다.
- 방언을 받아야 영으로 기도하는 것이라고 한다.
- 방언 기도를 할 때 영적으로 충만하고, 친밀한 기도를 할 수 있다고 한다.
- 방언 기도는 영적인 **성숙도** 가 있는 자가 할 수 있다고 한다.

분명 성령 하나님이 임재하시고, 허락하시면 예언을 할 수 있다.

> 10 그들이 산에 이를 때에 선지자의 무리가 그를 영접하고 하나님의 영이 사울
> 에게 크게 임하므로 그가 그들 중에서 예언을 하니 11 전에 사울을 알던 모든 사
> 람들이 사울이 선지자들과 함께 예언함을 보고 서로 이르되 기스의 아들에게
> 무슨 일이 일어났느냐 사울도 선지자들 중에 있느냐 하고_삼상 10:10-11

사무엘이 기름병을 취하여 사울에게 기름을 붓자 하나님의 영이 임하
여 사울이 예언을 하였다. 사울을 알던 사람들은 사울도 선지자들 중에
있는지 질문했다.

분명 성령 하나님이 임하시면 예언도 하고, 방언도 할 수 있다. 그러
나 누구나 성령 하나님께 간구한다고 해서 예언을 하고, 방언을 할 수 있
는 것은 아니다.

1) 바울은 방언 기도를 누구를 위한 것이라고 하는가?

그러므로 방언은 믿는 자들을 위하지 아니하고 믿지 아니하는 자들을 위하는 표적이나 예언은 믿지 아니하는 자들을 위하지 않고 믿는 자들을 위함이니라_ 고전 14:22

방언은 믿는 자들을 위하지 않고, 믿지 아니하는 자들을 위한 표적이 된다.

2) 방언은 누구에게 하는 것인가?

방언을 말하는 자는 사람에게 하지 아니하고 하나님께 하나니 이는 알아 듣는 자가 없고 영으로 비밀을 말함이라_고전 14:2

방언은 사람에게 말하는 것이 아니라 하나님께 말하는 것이다.

3) 방언을 말하는 자는 누구의 덕을 세우게 되는가?

방언을 말하는 자는 자기의 덕을 세우고 예언하는 자는 교회의 덕을 세우나니_고전 14:4

방언을 말하는 자는 자기의 덕을 세우는 것이다.

4) 바울은 왜 방언보다 특별히 예언하기를 소원하였는가?

나는 너희가 다 방언 말하기를 원하나 특별히 예언하기를 원하노라 만일 방언을 말하는 자가 통역하여 교회의 덕을 세우지 아니하면 예언하는 자만 못하니라_고전 14:5

예언을 하면 교회의 덕을 더 세우게 되기 때문이다.

5. 잘못된 기도는 신앙생활에 어떤 영향을 주는가

- 삶에 활력소와 역동성이 부재하다.
- 신앙과 삶이 **분리** 되어진다.
- 말씀을 살아낼 힘이 없다.
- 세상을 이겨낼 수 없다.
- 원수를 사랑할 수 없다.
- 하나님의 **부르심** 을 모르게 한다.
- 비전을 성취할 수 없다.
- 궁극적 사명의 방향으로 나아갈 수 없다.
- 쓸데없이 **사람** 을 만난다.
- 존재적 삶이 아니라 일만 하며 바쁘게 만든다.

기도 생활이 잘못되면, 마음과 생각 속에서 교만과 거만과 자만이라는 안 좋은 미혹들이 어느새 싹트게 된다. 무지함으로 인해 어느 한쪽으로 치우치기 쉽다.

기도는 영의 호흡이다. 공기 중의 산소를 호흡함으로 육체가 살아 움직이는 것처럼, 영적인 기도는 영 · 혼 · 육을 늘 새롭고 강건하게 유지하게 하는 활력소이며 삶의 원동력이 된다.

신앙은 삶이다. 신앙과 삶은 분리되어서는 안 된다. 성도는 세상에 살지만 세상에 속해 세상과 같은 존재가 되어서는 안 된다.

내가 세상에 속하지 아니함 같이 그들도 세상에 속하지 아니하였사옵나이다_
요 17:16

크리스천은 세상에 영향을 주어야지, 오히려 악영향을 받으면 안 된다. 빛과 소금으로 세상을 변화시키며 살아야 한다. 그렇지만 살면서 세상의 영향을 받지 않고 산다는 것은 불가능하다. 의식하든 의식하지 못하든 세상의 영향은 점점 더 강해진다.

세상은 점점 더 세속화되고, 더 추악해지고 있다. 그런 가운데 많은 크리스천들이 현세적이며 물질적이 되어 간다. 감각적인 세상에 살다가 자신도 모르게 세상에 끌려 들어가 비신앙적인 마음, 생각, 삶의 방식을 따르게 된다.

기도는 세상의 영향력을 밀어내는 힘이요, 하나님의 은혜를 받아들이는 통로이다. 기도는 껍질뿐인 종교인을 풍성한 삶의 신앙인이 되게 한다. 현대 교회의 가장 절실한 문제는 기도의 문제이다. 기도가 제대로 되고 있지 않은 것은 마치 호흡이 잘못된 것처럼 그것 자체로 끝나는 것이 아니라, 다른 모든 부분에 치명적인 영향을 미치게 되기 때문이다.

6. 마음이 평안하지 않은 채 기도만 열심히 드리고 간청하면 되는가

기도를 통해서 내면의 세계에 존재하시는 성령님을 만남으로 평안, 위로, 기쁨의 마음을 소유하게 된다.

영적 기도로 우리에게 가장 먼저 찾아오는 것이 바로 이 마음의 평안이다. 세상이 요동쳐도 내 마음은 세상과는 차원이 다른, 하나님이 주시는 평안으로 복된 삶을 살게 된다.

크리스천은 세상의 파도 속에 살지만, 기도의 배를 타고 세상의 유혹과 시험, 불안, 근심에 빠지지 않는다. 그리하여 하늘에 소망을 두고 살아간다. 세상을 이기는 큰 능력은 기도 가운데 고요함과 평안함 속에서 나온다.

7. 예언 기도를 받을 때나, 할 때 주의할 점은 무엇인가

하나님의 능력과 은사는 하나님께서 믿는 자에게 주시는 신령한 선물이다. 그러므로 하나님 나라를 위해서, 공동체의 유익과 덕을 위해서 사용해야 한다.

무절제하게 사용해서는 안 되며, 지나치게 예언 기도에 의존하며 신앙생활해서도 안 된다.

Q 은사를 달라고 지나치게 간구하는 것의 문제는 무엇인가?

은사와 능력은 하나님과의 인격적인 만남으로부터 흘러나온다. 하나님과의 인격적인 만남이 씨앗이 되어 열매로 나타나는 것이다. 그런데 그렇지 않은 동기로 은사를 받으려고 하는 것은 잘못이다.

> 18 시몬이 사도들의 안수로 성령 받는 것을 보고 돈을 드려 19 이르되 이 권능을 내게도 주어 누구든지 내가 안수하는 사람은 성령을 받게 하여 주소서 하니 20 베드로가 이르되 네가 하나님의 선물을 돈 주고 살 줄로 생각하였으니 네 은과 네가 함께 망할지어다 21 하나님 앞에서 네 마음이 바르지 못하니 이 도에는 네가 관계도 없고 분깃 될 것도 없느니라_행 8:18-21

Q 거짓된 선지자를 조심하라고 하였다.
어떻게 그런 악한 선지자와 선견자를 구별할 수 있는가?

15 거짓 선지자들을 삼가라 양의 옷을 입고 너희에게 나아오나 속에는 노략질 하는 이리라 **16** 그들의 열매로 그들을 알지니 가시나무에서 포도를, 또는 엉겅 퀴에서 무화과를 따겠느냐 **17** 이와 같이 좋은 나무마다 아름다운 열매를 맺고 못된 나무가 나쁜 열매를 맺나니 **18** 좋은 나무가 나쁜 열매를 맺을 수 없고 못된 나무가 아름다운 열매를 맺을 수 없느니라 **19** 아름다운 열매를 맺지 아니하는 나무마다 찍혀 불에 던져지느니라 **20** 이러므로 그들의 열매로 그들을 알리라_ 마 7:15-20

그렇다면 이런 분별을 통해 오늘날 예언자가 선한 하나님의 예언자인 지 악하고 잘못된 길로 인도하는 예언자인지 구별할 수 있다.

8. 기도를 능력 행함으로 생각하는 것은 무엇이 잘못되었는가

기도는 영성의 발전이다. 그런데 이 영성은 외적 파워로 보이는 것이 아니다. 내면에 있는 그리스도의 성품, 성령의 성품이다. 영성은 성령님 께서 우리 안에 충만하시며 그의 지배에 따라 나의 본능, 본성, 육신, 자 아가 다스림을 받아서 사는 것이다.

영성을 공급해주고 발전시키고 성장시키는 길이 바로 기도이다. 기도 는 우리를 깊은 영적인 세계로 이끌어준다. 오직 기도로 영성이 개발되 고 발전되며 이를 통해서 하나님의 지배를 받는다. 하나님의 뜻과 계획 이 우리에게 들어오게 된다.

9. 나 자신만의 유익과 편의를 위해 역사해 달라고 하는 기도는 어떤 위 험성이 있는가

이같이 한즉 하늘에 계신 너희 아버지의 아들이 되리니 이는 하나님이 그 해를

악인과 선인에게 비추시며 비를 의로운 자와 불의한 자에게 내려주심이라 _마 5:45

하나님은 어떤 한 사람만을 위해 역사하시지 않고, 악인과 선인에게 동일하게 빛을 비추어 주시며 의로운 자와 불의한 자에게 비를 내려주는 분이시다. 하나님의 이런 속성과 성품을 오해해서는 안 된다.

기도는 나 자신만의 유익과 편의를 위해 간구하는 것이 아니다. 기도는 우리를 하나님의 채널에 맞추는 것이다. 하나님께서는 오직 은혜로 하나님의 전파를 받을 수 있게 하셨다. 하지만 그 채널에 맞추는 것은 이제부터 우리가 할 일이다. 우리가 이것을 모르는 것이 문제이다.

하나님의 은혜는 그냥 오지 않는다. 성령 하나님과 인격적인 관계를 맺을 때, 그 채널이 열리고 은혜를 받게 되는 것이다. 기도는 우리가 하나님에게 주파수를 맞추어서 하나님의 은혜를 받아들이게 하는 것이다. 내 생각과 일에 하나님을 맞추려고, 끌어들이려고 하지 말아야 한다. 내가 그분에게 말하려고 하지 말고 하나님이 나에게 말씀하시게 해야 한다. 내 뜻을 자꾸 버리고 하나님의 뜻을 자꾸 받아들이는 것이 기도이다.

이처럼 기도는 내가 하나님께로 나아가고, 하나님이 나를 만나 주시는 것이다.

10. 기도가 너무 형식적이고, 틀에 박힌 말에 국한되어서는 안 되는 이유는 무엇인가

기도는 어린 자녀가 사랑하는 부모에게 말하듯 영적인 하늘 아버지에게 해야 한다. 이렇게 기도하는 것은 사랑하는 부모의 품에 안겨 사랑을 느끼고 받는 것과 같다. 이러한 기도를 틀에 박힌 언어나 형식에 국한되게 하면 잘못된 것이다.

주님은 마태복음 19장 14절에서 천국, 즉 하나님의 임재는 어린아이와 같은 자의 것이라고 하셨다.

> 13 그때에 사람들이 예수께서 안수하고 기도해 주심을 바라고 어린아이들을 데리고 오매 제자들이 꾸짖거늘 14 예수께서 이르시되 어린아이들을 용납하고 내게 오는 것을 금하지 말라 천국이 이런 사람의 것이니라 하시고 15 그들에게 안수하고 거기를 떠나시니라_ 마 19:13-15

아버지에게 나아갈 때 중요한 것은 마음이지 외모, 외형, 표정, 목소리가 아니다. 아버지를 사랑하고 존중하며, 순전한 마음이 중요하다.

11. 기도는 편한 자세로 할 수 있고, 편한 마음으로 기도해야 한다. 어떤 국한된 자세, 그리고 하나님을 어떤 하나님으로 오해하며 신앙생활하고, 기도했었는가

편한 자세로 다양하게 기도할 수 있다. 우리가 기도로 하나님께 가까이 가지 못하고 기도가 자꾸 막히는 이유는 하나님을 무섭고 두려운 분으로 느끼기 때문이다.

우리가 가지고 있는 하나님 상에 따라 기도가 달라지고, 삶이 달라지고 설교가 달라진다. 하나님을 두려운 분으로 생각하면 정죄하는 메시지, 두려워하는 삶, 두려워하는 기도가 나온다. 바리새인들의 문제는 그들이 가지고 있던 잘못된 하나님 상이었다. 하나님 상이 잘못되었으므로 기도가 막히고 믿음생활이 잘못되었던 것이다.

하나님을 두려운 분이라고 생각하는 개념을 가지면 아무리 기도해도 온전한 성품을 갖기가 쉽지 않다. 하나님은 우리에게 선한 아버지이시다.

너희는 다시 무서워하는 종의 영을 받지 아니하고 양자의 영을 받았으므로 우리가 아빠 아버지라고 부르짖느니라_롬 8:15

12. 사탄은 우리가 하나님께 기도하지 못하도록 끊임없이 정죄한다. 그럴 때 우리가 잊지 말아야 할 것은 무엇인가

누가 정죄하리요 죽으실 뿐 아니라 다시 살아나신 이는 그리스도 예수시니 그는 하나님 우편에 계신 자요 우리를 위하여 간구하시는 자시니라_롬 8:34

누구도 믿는 자를 정죄할 수 없다. 우리는 우리를 위해 죽으시고 다시 사신 그리스도로 말미암아 자유하며, 하나님 보좌 우편에 계신 예수님이 우리를 위하여 간구하시기 때문이다.

그러므로 이제 그리스도 예수 안에 있는 자에게는 결코 정죄함이 없나니_롬 8:1

그리스도 예수 안에는 결코 정죄함이 없다. 예수님은 끝없이 우리를 사랑하시고 용서하시며, 보살피시는 분임을 알아야 한다.

네게 있는 믿음을 하나님 앞에서 스스로 가지고 있으라 자기가 옳다 하는 바로 자기를 정죄하지 아니하는 자는 복이 있도다_롬 14:22

참 믿음을 가지고 의롭다 칭함을 받고, 너무 자신을 정죄하지 아니하는 자가 복된 것이다.

Q 너무 심한 정죄감으로 힘들거나,
주님 앞에 나아가지 못한 경험이 있었는가?

과제

☑ **말씀암송**

마태복음 6:8

그러므로 그들을 본받지 말라

구하기 전에 너희에게 있어야 할 것을

하나님 너희 아버지께서 아시느니라

☑ **하루 30분씩 매일 기도해 주세요.**

☑ **3명 이상에게 중보기도 제목을 받고, 기도해 주세요.**

☑ **기도문을 적어 제출해 주세요.**

[개인, 가정, 교회, 나라를 위한 기도]

☑ **메모**

_____

_____

_____

_____

Wrong prayer

chapter 3

세번째 잘못된 기도

1. 내가 예전에 했던 기도 중 잘 몰라서 실수하거나 혹 기도를 너무 어려워했던 경험이 있는가

2. 기도할 때 하나님의 이름을 경솔하게 부르며 기도하는 것은 무엇이 문제인가

> 너는 네 하나님 여호와의 이름을 망령되게 부르지 말라 여호와는 그의 이름을 망령되게 부르는 자를 죄 없다 하지 아니하리라_ 출 20:7

하나님은 자신의 이름을 망령되이 부르지 말라고 하셨다.
그렇다면, 기도할 때 하나님의 이름을 어떻게 불러야 할까?

> 그러므로 너희는 이렇게 기도하라 하늘에 계신 우리 아버지여 이름이 거룩히 여김을 받으시오며_ 마 6:9

이름을 거룩히 여김을 받도록 불러야 한다.

3. 자신의 뜻을 구하는 것은 바른 것인가
   자신의 나라를 구하는 것은 무엇이 문제인가

> 9 그러므로 너희는 이렇게 기도하라 하늘에 계신 우리 아버지여 이름이 거룩히 여김을 받으시오며 10 나라가 임하시오며 뜻이 하늘에서 이루어진 것 같이 땅에서도 이루어지이다_ 마 6:9-10

기도는 하늘에서 주님의 뜻이 이루어진 것처럼 땅에서도 그렇게 이루어지도록 기도하는 것이다.

4. 예수님은 마태복음 21장 22절에서 "기도할 때에 무엇이든지 믿고 구하는 것은 다 받으리라"라고 하셨다. 그런데 아무리 바르게 열심히 기도해도 받지 않으시는 이유는 무엇인가

> 바리새인은 서서 따로 기도하여 이르되 하나님이여 나는 다른 사람들 곧 토색, 불의, 간음을 하는 자들과 같지 아니하고 이 세리와도 같지 아니함을 감사하나 이다_눅 18:11

바리새인처럼 자신을 의인이라 여기고, 자신의 부족한 점이 무엇인지 알지 못한 채 교만하게 신앙생활하기 때문이다.

5. 하나님이 듣지 않으시는 기도는 어떤 기도인가

> 내가 나의 마음에 죄악을 품었더라면 주께서 듣지 아니하시리라_시 66:18

마음에 죄악을 품으면 하나님이 듣지 않으신다.

> 내가 불러도 그들이 듣지 아니한 것처럼 그들이 불러도 내가 듣지 아니하리라 만군의 여호와가 말하였느니라_슥 7:13

하나님의 말씀에 순종하지 않는 사람의 기도는 듣지 않으신다.

> 11 여호와께서 말씀하시되 너희의 무수한 제물이 내게 무엇이 유익하뇨 나는 숫양의 번제와 살진 짐승의 기름에 배불렀고 나는 수송아지나 어린양이나 숫염소의 피를 기뻐하지 아니하노라 12 너희가 내 앞에 보이러 오니 이것을 누가 너희에게 요구하였느냐 내 마당만 밟을 뿐이니라 13 헛된 제물을 다시 가져오지 말라 분향은 내가 가증히 여기는 바요 월삭과 안식일과 대회로 모이는 것도 그러하니 성회와 아울러 악을 행하는 것을 내가 견디지 못하겠노라 14 내 마음이 너희의 월삭과 정한 절기를 싫어하나니 그것이 내게 무거운 짐이라 내가 지기에 곤비하였느니라_사 1:11-14

아무리 제물을 많이 드려도 마당만 밟는 자의 삶과 기도를 받으시지 않는다. 하나님은 가인이 드리는 제물은 받지 않으셨다. 아나니아와 삽비라의 제물도 받지 않으셨다. 왜 안 받으셨는가?

> 너희 소돔의 관원들아 여호와의 말씀을 들을지어다 너희 고모라의 백성아 우리 하나님의 법에 귀를 기울일지어다_사 1:10

그들이 하나님의 법에 귀를 기울이지 않았기 때문이다.

Q 그러면 오늘날 성전 마당만 밟는 자의 삶은 어떤 것인가?

- **순종** 없는 종교 의식이 성전 마당만 밟는 것이다.
- 몸은 성전에 있어도 마음이 하나님께로부터 멀리 떨어져 있는 심령이 성전 마당이다.
- 하나님을 섬기지 않고 자기를 섬기는 사람이다.
- 하나님을 기쁘시게 하지 않고 **사람** 을 기쁘게 하려는 것이다.
- 악을 행하는 사람이 성전 마당만 밟는 것이다.

교회에서는 경건하게 예배를 잘 드린다. 그런데 밖에서는 믿음으로 생각하지 않고 믿음으로 말하지 않을 수 있다. 즉, 믿음으로 행동하지 않기도 한다. 이처럼 외식하고 가증하게 위선자로 사는 사람들이 성전 뜰만 밟는 사람들이다.

이러한 사람들은 믿음이 없다. 성령의 감동도 없다. 하나님의 간섭도 없고 징계도 없다. 성전 마당만 밟는 사람들의 기도는 하나님이 듣지 않으시고 제물도 받지 않으신다.

6. 조나단 에드워즈가 말하는 잘못된 신앙은 무엇인가
   우리는 어떻게 기도할 때 잘못된 기도를 괜찮은 것처럼 오해하거나
   착각하지 않을 수 있는가

잘못된 기도에 대해 쓴 조나단 에드워즈(Jonathan Edwards)의 『신앙감정론』과 점검하면서 살펴보면 이렇다. 조나단 에드워즈는 12가지 표지는 제대로 된 신앙과 무관하다고 하였다. 그 원리를 기도에 적용하면 잘못된 기도로 빠질 수 있는 요인을 예방할 수 있다.

1) 첫 번째 소극적 표지 – 감정 의 강도

신앙 감정이 단지 크게 높아졌다는 사실은 그 감정들이 반드시 영적이고 은혜로 말미암았을 것이라는 점을 입증하는 증거가 될 수 없다.

기도도 마찬가지이다. 감정의 강도가 높고 괜찮았다고 기도가 잘되고, 대단한 기도는 아니다. 갈라디아서 4장 11절에서 바울은 "내가 너희를 위하여 수고한 것이 헛될까 두려워하노라"라고 말한다.

결국은 기도할 때 감정이 높다고 하더라도 참된 기도와 완전히 무관할 수 있다.

2) 두 번째 소극적 표지 – 몸 의 격렬한 반응

몸은 심리적 작용에 영향을 받게 되어 있으며, 몸에 미치는 영향들은 영적 감정인지 일반적 감정인지를 판단해 주는 표지가 되지 못한다고 했다. 이처럼 몸의 격렬한 반응이 있다고 해서 진정한 기도라고 말할 수 없다.

3) 세 번째 소극적 표지 – 신앙과 신학 에 대한 관심

조나단 에드워즈는 사람들이 신앙적인 일들을 매우 유창하고 풍부하게 알고 말하는 것이 좋은 신앙이라고 보지 않았다.

기도도 그렇다. 바리새인들은 신앙과 율법에 관한 관심이 많았지만 예수님은 그들의 기도를 꾸짖으시고, 가슴을 치며 회개하는 기도를 더 들어주신다고 하셨다.

> 세리는 멀리 서서 감히 눈을 들어 하늘을 쳐다보지도 못하고 다만 가슴을 치며
> 이르되 하나님이여 불쌍히 여기소서 나는 죄인이로소이다 하였느니라_눅 18:13

4) 네 번째 소극적 표지 – 감정 의 자가 생산 여부

조나단 에드워즈는 어떤 선한 영이나 악한 영이 직접적인 영향을 주지는 않더라도, 신체가 약하거나 결함이 있는 사람들 또는 뇌에 문제가 있거나 여러 가지 생각과 인상에 쉽게 영향을 받는 사람들은 이상한 생각과 상상을 할 수 있다고 하였다.

이런 생각과 상상이 믿음이 아니듯, 육체적, 정신적, 영적으로 약한 자가 어떤 생각을 하고 상상을 펼치는 것이 온전한 기도가 될 수는 없다.

5) 다섯 번째 소극적 표지 – 성경 이 갑자기 떠오름

조나단 에드워즈는 성경 말씀이 마음속에 떠올려짐으로써 감정이 일어나는 것 자체는 은혜로 말미암은 것이 아니라고 하였다.

기도할 때 떠오르는 말씀이 다 성령님의 음성과 말씀하시는 메시지가 아닐 수도 있다. 성경 본문을 잘못해서 악용하거나 잘못된 삶의 적용으로 빠져서는 안 된다.

6) 여섯 번째 소극적 표지 – 사랑 의 피상적 표현

조나단 에드워즈는 사람들이 하나님과 그리스도를 사랑하는 것처럼 보일 때 구원에 이르게 하는 은혜로운 표지가 아닐 수도 있다고 하였다.

마찬가지로 사랑의 감정이 풍성하다고 해서 하나님께 올바른 기도를

드리고, 온전한 기도자의 삶을 살고 있다고 착각해서는 안 된다.

7) 일곱 번째 소극적 표지 – 감정 의 정도

조나단 에드워즈는 매우 다양한 거짓 감정들을 합하면 은혜로운 신앙 감정과 닮은 것처럼 보일 수 있다고 하였다.

마찬가지로 기도할 때 다양한 거짓 감정들이 들어오는 것을 은혜로운 신앙 감정으로 치부해서는 안 된다. 방금 지적한 것처럼 하나님에 대한 사랑과 형제들에 대한 사랑도 거짓이 있다.

일반적으로 거짓된 감정이 높이 올라갈 때 은혜를 체험하는 것 같이 여길 수 있다.

8) 여덟 번째 소극적 표지 – 감정의 체험 순서

조나단 에드워즈는 두 가지, 즉 정죄의 상태와 칭의와 축복의 상태가 있는데 신자는 이 두 상태를 체험해야 한다고 하였다. 영적으로 극심한 빈곤의 상태를 체험하고, 그리스도의 은혜를 체험해야 한다고 하였다.

이처럼 기도자는 좌절하는 상태에서 자신의 비참한 모습을 보면서 하나님의 능력과 은혜에 절대적으로 의존해야 하는 것을 깨달아야 한다.

단순한 큰 공포감과 각성을 경험하는 수준이 아니라 죄의 참혹함과 구원의 은혜를 경험한 기도자가 되어야 한다.

9) 아홉 번째 소극적 표지 – 종교적 행위와 의무의 피상적 실천

조나단 에드워즈는 의무적으로 드리는 예배는 종교적 행위이고, 신앙의 피상적 실천에 불과하다고 하였다. 기도도 그렇다. 구약의 이스라엘 백성들이나 바리새인들처럼 외식하는 수준으로 기도를 해서는 안 된다.

전적으로 하나님께 매달리고, 주님을 사랑하고 경외하는 마음으로 기도 드려야 한다.

10) 열 번째 소극적 표지 – 찬송 을 열심히 부름

조나단 에드워즈는 기적을 경험하고, 찬송을 불렀다고 해서 그것이 믿음의 표지가 되지는 않는다고 하였다.

기도도 그렇다. 하나님을 높이는 찬양을 드렸다고 하더라도 진실한 기도를 드리고 합당한 기도자의 삶을 살았다고 장담할 수 없다. 큰 소리로 찬양하며 기도한다고 해서 그 사람에게 은혜로운 신앙이 있다고 할 수는 없다.

11) 열한 번째 소극적 표지 – 자신의 구원 의 확신

조나단 에드워즈는 자신이 아무리 구원의 확신이 있다고 하여도 믿음의 표지로 볼 수 없다고 하였다. 그는 위선자에게도 구원의 확신은 있을 수 있다고 하였다.

기도도 그렇다. 자신이 기도를 드리고 확신을 갖는다고 다 응답받는 것은 아니다.

12) 열두 번째 소극적 표지 – 타인에 의한 구원 의 확신

조나단 에드워즈는 외형적 모습으로 사람들의 마음을 사로잡고 사랑을 얻는다고 하더라도 믿음이 좋은 표지로 볼 수 없다고 하였다.

기도도 그렇다. 주위 사람이 인정한다고 해서 정말 주님이 합당하게 여기시는 기도를 드리는 자라고 할 수는 없다.

Q 12가지 잘못된 신앙과 기도의 표지 중 나 자신은
어떤 것에 속아 기도를 더 잘 드린다고 착각하였던 것 같은가?

7. 기도 응답을 막는 장애물들은 무엇인가

조이스 마이어(Joyce Meyer)는 『절실한 기도의 능력』에서 14가지 기도 응답을 막는 장애물들이 있다고 하였다.

1) 기도 하지 않는 것

너희는 욕심을 내어도 얻지 못하여 살인하며 시기하여도 능히 취하지 못하므로 다투고 싸우는도다 너희가 얻지 못함은 구하지 아니하기 때문이요_약 4:2

2) 담대 하지 못한 것

그를 향하여 우리가 가진 바 담대함이 이것이니 그의 뜻대로 무엇을 구하면 들으심이라_요일 5:14

3) 죄

내가 나의 마음에 죄악을 품었더라면 주께서 듣지 아니하시리라_시 66:18

4) 하나님의 뜻 밖에서 하는 기도

너희는 욕심을 내어도 얻지 못하여 살인하며 시기하여도 능히 취하지 못하므로 다투고 싸우는도다_약 4:2상

5) 정욕 으로 쓰려고 구하는 잘못된 동기

구하여도 받지 못함은 정욕으로 쓰려고 잘못 구하기 때문이라_약 4:3

6) 의심과 불신

6 오직 믿음으로 구하고 조금도 의심하지 말라 의심하는 자는 마치 바람에 밀려 요동하는 바다 물결 같으니 **7** 이런 사람은 무엇이든지 주께 얻기를 생각하지 말라 **8** 두 마음을 품어 모든 일에 정함이 없는 자로다_**약 1:6-8**

두 마음을 품은 사람은 구한 것을 받지 못한다.

7) 걱정

6 아무것도 염려하지 말고 다만 모든 일에 기도와 간구로, 너희 구할 것을 감사함으로 하나님께 아뢰라 **7** 그리하면 모든 지각에 뛰어난 하나님의 평강이 그리스도 예수 안에서 너희 마음과 생각을 지키시리라_**빌 4:6-7**

8) 감사하지 않는 마음

범사에 감사하라 이것이 그리스도 예수 안에서 너희를 향하신 하나님의 뜻이니라_**살전 5:18**

9) 곤욕스러운 상황

그가 곤욕을 당하여 괴로울 때에도 그의 입을 열지 아니하였음이여_**사 53:7**

10) 집중하지 못하는 것

좌로나 우로나 치우치지 말고 네 발을 악에서 떠나게 하라_**잠 4:27**

11) 궁핍한 사람들을 돌보지 않는 것

17 누가 이 세상의 재물을 가지고 형제의 궁핍함을 보고도 도와줄 마음을 닫으면 하나님의 사랑이 어찌 그 속에 거하겠느냐 **18** 자녀들아 우리가 말과 혀로만

사랑하지 말고 행함과 진실함으로 하자_요일 3:17-18

12) 권위 에 대한 반항

1 그러므로 내가 첫째로 권하노니 모든 사람을 위하여 간구와 기도와 도고와 감사를 하되 2 임금들과 높은 지위에 있는 모든 사람을 위하여 하라 이는 우리가 모든 경건과 단정함으로 고요하고 평안한 생활을 하려 함이라_딤전 2:1-2

13) 용서하지 않는 것

서서 기도할 때에 아무에게나 혐의가 있거든 용서하라 그리하여야 하늘에 계신 너희 아버지께서도 너희 허물을 사하여 주시리라 하시니라_막 11:25

14) 교만

5 젊은 자들아 이와 같이 장로들에게 순종하고 다 서로 겸손으로 허리를 동이라 하나님은 교만한 자를 대적하시되 겸손한 자들에게는 은혜를 주시느니라 6 그러므로 하나님의 능하신 손 아래에서 겸손하라 때가 되면 너희를 높이시리라_벧전 5:5-6

Q 기도를 막는 장애물 14가지 중
나에게 해당하는 것은 어느 것인가?

8. 집중하여 바른 기도를 할 때 얻는 유익은 무엇인가

기도자는 집중하여 기도할 때, 졸음이 아니라 하나님이 보여 주시는 환상 속으로 들어간다.

1 우리가 사로잡힌 지 스물다섯째 해, 성이 함락된 후 열넷째 해 첫째 달 열째

날에 곧 그 날에 여호와의 권능이 내게 임하여 나를 데리고 이스라엘 땅으로 가시되 **2** 하나님의 이상 중에 나를 데리고 이스라엘 땅에 이르러 나를 매우 높은 산 위에 내려놓으시는데 거기에서 남으로 향하여 성읍 형상 같은 것이 있더라 **3** 나를 데리시고 거기에 이르시니 모양이 놋 같이 빛난 사람 하나가 손에 삼줄과 측량하는 장대를 가지고 문에 서 있더니 **4** 그 사람이 내게 이르되 인자야 내가 네게 보이는 그것을 눈으로 보고 귀로 들으며 네 마음으로 생각할지어다 내가 이것을 네게 보이려고 이리로 데리고 왔나니 너는 본 것을 다 이스라엘 족속에게 전할지어다 하더라_겔 40:1-4

에스겔은 기도할 때 하나님께서 환상을 보여 주셨다.

9. 장래 일을 알도록 기도하는 것은 바른 기도인가

이스라엘의 거룩하신 이 곧 이스라엘을 지으신 여호와께서 이같이 이르시되 너희가 장래 일을 내게 물으며 또 내 아들들과 내 손으로 한 일에 관하여 내게 명령하려느냐_사 45:11

하나님은 이사야에게 거룩하신 자 곧 이스라엘을 지으신 여호와로 장래 일을 주님께 물으라고 하셨다. 그러나 하나님은 인생의 시종을 알지 못하게 하시고, 하나님을 더 전적으로 의뢰하게 하셨다.

하나님이 모든 것을 지으시되 때를 따라 아름답게 하셨고 또 사람들에게는 영원을 사모하는 마음을 주셨느니라 그러나 하나님이 하시는 일의 시종을 사람으로 측량할 수 없게 하셨도다_전 3:11

10. 바르게 지속적으로 기도하기 위해 무엇이 필요한가

1) 하나님의 말씀이 필요하다

2) 기도를 돕는 아론과 훌 같은 자가 필요하다

3) 회개 하는 심령이 필요하다

> 세리는 멀리 서서 감히 눈을 들어 하늘을 쳐다보지도 못하고 다만 가슴을 치며 이르되 하나님이여 불쌍히 여기소서 나는 죄인이로소이다 하였느니라_눅 18:13

세리는 따로 멀리 서서 가슴을 치며 회개 기도를 하였다.

4) 감사의 찬양과 고백이 필요하다

5) 기도 제목을 기도의 동역자들과 나누고, 지속적으로 서로 중보한다

11. 기도를 더욱 잘하기 위해 더 노력해야 할 부분을 적고, 나누라!

• 하나님의 말씀을 언제 어디서 더 읽고, 기도를 드릴 것인가?
• 함께 기도 제목을 나누고 기도할 동역자는 누구인가?
• 정기적으로 기도하기 위해 어떤 기도회 모임 혹 예배를 더 참석하면 좋은가?

12. 좀 더 올바른 기도를 하기 위해 나를 잡아줄 수 있는 사람은 누구인가 혹은 좀 더 하나님 앞에 바로 서도록 기도해 주고, 신경써 주어야 하는 사람은 누구인가

과제

☑️ **말씀암송**

마가복음 11:25

서서 기도할 때에 아무에게나 혐의가 있거든 용서하라

그리하여야 하늘에 계신 너희 아버지께서도

너희 허물을 사하여 주시리라 하시니라

☑️ **하루 30분씩 매일 기도해 주세요.**

☑️ **3명 이상에게 중보기도 제목을 받고, 기도해 주세요.**

☑️ **기도문을 적어 제출해 주세요.**

[개인, 가정, 교회, 나라를 위한 기도]

☑️ **메모**

_____

_____

_____

_____

Upright prayer

chapter 4

첫번째 바른 기도

아브라함 링컨(A. Lincoln)은 전쟁에서 승리한 후 "북군의 승리는 기도의 승리였다!"라고 말했다. 또 링컨은 "하나님이 우리 편이 되시는 것이 아니라 우리가 하나님 편에 서는 것이 중요하다!"라고 말했다.

"승리를 주시는 분은 오직 하나님이시다!"

1. 바른 기도는 어떤 기도인가

1) 억지로 가 아니라 자발 적으로 하는 기도

2) 인격적으로 교제하는 기도

3) 즐거워하고, 기뻐하는 기도

4) 낙망 하지 않고 지속적으로 하는 기도

5) 믿음 있는 척이 아니라 믿음 없음을 시인하며 하는 진솔한 기도

> 곧 그 아이의 아버지가 소리를 질러 이르되 내가 믿나이다 나의 믿음 없는 것을 도와주소서 하더라_막 9:24

아이의 아버지가 자신은 믿고 싶은데 믿음 없는 것을 도와달라고 하였듯, 기도자도 믿음이 있는 척할 필요는 없다.

6) 하나님이 역사 하심을 알고 하는 기도

> 내가 천국 열쇠를 네게 주리니 네가 땅에서 무엇이든지 매면 하늘에서도 매일 것이요 네가 땅에서 무엇이든지 풀면 하늘에서도 풀리리라 하시고_마 16:19

천국 열쇠를 주셔서 땅에서 무엇이든지 매면 하늘에서도 매이고, 땅에서 무엇이든지 풀면 하늘에서도 풀리는 것을 알아야 한다.

> 그러므로 내가 너희에게 말하노니 무엇이든지 기도하고 구하는 것은 받은 줄로 믿으라 그리하면 너희에게 그대로 되리라_막 11:24

무엇이든지 기도하고 구하는 것은 받은 줄로 믿어야 한다.

> 내 이름으로 무엇이든지 내게 구하면 내가 행하리라_요 14:14

주님의 이름으로 구하면 주님께서 행하심을 알아야 한다.

> 어떤 사람이 다윗에게 알리되 압살롬과 함께 모반한 자들 가운데 아히도벨이 있나이다 하니 다윗이 이르되 여호와여 원하옵건대 아히도벨의 모략을 어리석게 하옵소서 하니라_삼하 15:31

다윗은 자신을 죽이려고 한 배반자 아히도벨의 모략을 어리석게 해 달라고 간구한 대로 응답받았다.

> 압살롬과 온 이스라엘 사람들이 이르되 아렉 사람 후새의 계략은 아히도벨의 계략보다 낫다 하니 이는 여호와께서 압살롬에게 화를 내리려 하사 아히도벨의 좋은 계략을 물리치라고 명령하셨음이더라_삼하 17:14

실제로 압살롬과 온 이스라엘 사람들이 아렉 사람 후새의 계략을 좋게 여겨 바로 공격해서 다윗을 죽이자고 한 아히도벨의 계략을 받아들이지 않았다.

> 이에 예수께서 그들의 눈을 만지시며 이르시되 너희 믿음대로 되라 하시니_마 9:29

예수님이 맹인들의 눈을 만지시며 믿음대로 되라고 하셨다.

7) 아버지의 **뜻** 을 찾으며 하는 기도

그를 향하여 우리가 가진 바 담대함이 이것이니 그의 뜻대로 무엇을 구하면 들으심이라_ 요일 5:14

이르시되 아버지여 만일 아버지의 뜻이거든 이 잔을 내게서 옮기시옵소서 그러나 내 원대로 마시옵고 아버지의 원대로 되기를 원하나이다 하시니_ 눅 22:42

8) 힘쓰고, 애쓰고, 간절히 하는 기도

예수께서 힘쓰고 애써 더욱 간절히 기도하시니 땀이 땅에 떨어지는 핏방울 같이 되더라_ 눅 22:44

9) **지역(지경)** 을 넓혀 주시고, 축복해 주심을 기대하며 하는 기도

야베스가 이스라엘 하나님께 아뢰어 이르되 주께서 내게 복을 주시려거든 나의 지역을 넓히시고 주의 손으로 나를 도우사 나로 환난을 벗어나 내게 근심이 없게 하옵소서 하였더니 하나님이 그가 구하는 것을 허락하셨더라_ 대상 4:10

주님이 기도하는 자에게 축복해 주심을 믿고 기도해야 한다.
축복을 주시고 받는 것 자체가 기복신앙이 아니다.

10) **끈질기게** 하는 기도

E. M. 바운즈는 이렇게 글을 썼다.

끈질기게 기도하라! 지옥이 엄청난 타격을 받기까지 기도하며, 두꺼운 철물이 열리기까지 기도하며, 산 같은 방해물이 사라지기까지 기도하며, 안개가 사라지고 구름이 걷히며 햇살이 비칠 때까지 진정으로 기도하기는 참으로 어렵다. 아무 음성도 들리지 않는데 끈질기게 기도하며 기다리기란 쉽지 않다. 그러나 하나님이 응답하실 때까지 기다려야 한다. 기도 응답의 기쁨은 산통을 견딘 어머니의 기쁨이며, 사슬을 벗고 새로운 삶과 자유를 얻은 노예의 기쁨이다.

11) 무너진 데를 막아 서서하는 기도

이 땅을 위하여 성을 쌓으며 성 무너진 데를 막아 서서 나로 하여금 멸하지 못하게 할 사람을 내가 그 가운데에서 찾다가 찾지 못하였으므로_ 겔 22:30

12) 결정의 순간에 하는 기도

그 후에 다윗이 여호와께 여쭈어 아뢰되 내가 유다 한 성읍으로 올라가리이까 여호와께서 이르시되 올라가라 다윗이 아뢰되 어디로 가리이까 이르시되 헤브론으로 갈지니라_ 삼하 2:1

다윗은 사울이 죽었기 때문에 왕이 되었다. 그러나 그 순간 하나님께 기도하였다. 그때 하나님은 피로 정복하지 말고, 오히려 헤브론으로 가서 있으라고 하셨다. 7년 6개월 후 하나님은 피 한 방울 흘리지 않고, 이스라엘 10지파가 내려와 무릎을 꿇게 하시고, 피 흘림 없이 다윗이 왕이 되도록 하셨다.

13) 용서하는 기도

욥이 그의 친구들을 위하여 기도할 때 여호와께서 욥의 곤경을 돌이키시고 여호와께서 욥에게 이전 모든 소유보다 갑절이나 주신지라_ 욥 42:10

욥은 자신을 이해하고, 받아들여 주지 않았던 친구들을 위해 기도해 주었다. 그러자 하나님은 욥의 곤경을 돌이키시고, 욥에게 이전의 소유보다 갑절의 은혜를 주셨다.

14) 감사 하는 기도

여호와께 감사하라 그는 선하시며 그의 인자하심이 영원함이로다_대상 16:34

15) 주의 말씀이 삶에 등 이고, 길에 빛 임을 고백하는 기도

주의 말씀은 내 발에 등이요 내 길에 빛이니이다_시 119:105

Q 나 자신은 어떤 기도를 잘 드리지 못하고 있는 것 같은가?

2. 바르게 기도하는 마음의 자세는 무엇인가

1) 자신이 더욱 하나님 앞에서 기도하려는 태도

2) 그분은 나의 아버지시며, 나의 모든 은밀한 것 도 다 알고 계시다는 의식

은밀한 것을 다 풀어 놓아야 한다. 상한 심령과 약한 부분도 드러내어야 한다. 사람에게 하지 못하는 모든 것을 하나님 앞에 다 내놓아야 한다. 그래야 치유가 된다.

3) 기도를 통해서 매일 하나님을 만나려는 마음

기도로 하나님의 가까이함을 얻어야 한다.

우리 하나님 여호와께서 우리가 그에게 기도할 때마다 우리에게 가까이하심과
같이 그 신이 가까이함을 얻은 큰 나라가 어디 있느냐_신 4:7

3. 나를 향한 하나님의 뜻을 알기 위한 바른 자세는 무엇인가

내 뜻을 하나님께 강요하지 않는 것이다. 기도는 하나님의 뜻을 내게 가져오는 것이다. 하나님을 부리려고 기도하지 말고, 하나님의 시계에 내 시계를 맞추려고 기도하라. 방송국 시계에 내 시계를 맞추듯 하나님의 마음에 내 마음을 맞추어야 한다. 예수님은 철저하게 하나님 아버지의 뜻에 자기 뜻을 맞추는 기도를 하셨다.

4. 늘 깨어서 하는 바른 기도는 무엇을 의미하는가

영, 즉 마음을 깨우는 것이다. 영을 깨우는 훈련을 해야 한다. 세상에서 살면서 우리는 영을 잠 재운다. 세상에 우리의 영을 가두어 놓고 있다. 그 대신 본능과 이성을 깨워놓고 그에 따른다. 영으로 기도해야 한다. 영이 깨어난 상태에서 기도해야 한다.

기도를 계속하고 기도에 감사함으로 깨어 있으라_골 4:2

그러므로 영이 깨어나면서 올라오는 에너지는 무한하다. 영에 이르기까지, 영을 깨우기까지 파내려가는 것은 우리가 노력할 일이다. 은혜의 빗물은 거저 주시지만, 속에서 솟아나는 은혜의 맑은 샘물은 땀 흘려 샘을 파야 한다. 파내서 얻는 샘이야말로 진정한 생명수가 된다.

5. 바른 기도를 위해 어떤 요소가 동반되어야 하는가

1) 통회 하는 마음

여호와의 손에서 그의 분노의 잔을 마신 예루살렘이여 깰지어다 깰지어다 일어설지어다 네가 이미 비틀걸음 치게 하는 큰 잔을 마셔 다 비웠도다_사 51:17

여호와는 마음이 상한 자를 가까이하시고 충심으로 통회하는 자를 구원하시는도다_시 34:18

2) 두려움이 아니라 신뢰와 믿음

예수께서 그 하는 말을 곁에서 들으시고 회당장에게 이르시되 두려워하지 말고 믿기만 하라 하시고_막 5:36

두려워하지 말고, 믿기만 하라고 하셨다.

3) 역사 하실 주님을 기대

5 이에 베드로는 옥에 갇혔고 교회는 그를 위하여 간절히 하나님께 기도하더라 6 헤롯이 잡아 내려고 하는 그 전날 밤에 베드로가 두 군인 틈에서 두 쇠사슬에 매여 누워 자는데 파수꾼들이 문 밖에서 옥을 지키더니 7 홀연히 주의 사자가 나타나매 옥중에 광채가 빛나며 또 베드로의 옆구리를 쳐 깨워 이르되 급히 일어나라 하니 쇠사슬이 그 손에서 벗어지더라 8 천사가 이르되 띠를 띠고 신을 신으라 하거늘 베드로가 그대로 하니 천사가 또 이르되 겉옷을 입고 따라오라 한대 9 베드로가 나와서 따라갈새 천사가 하는 것이 생시인 줄 알지 못하고 환상을 보는가 하니라_행 12:5-9

옥에 갇힌 베드로를 위해 교회가 간절히 기도하였다. 그러나 베드로는 주의 사자가 나타나고, 자신을 깨워 급히 일어나 감옥을 나가라고 하였지만 환상을 보는 줄 알았다.

이에 베드로가 정신이 들어 이르되 내가 이제야 참으로 주께서 그의 천사를 보내어 나를 헤롯의 손과 유대 백성의 모든 기대에서 벗어나게 하신 줄 알겠노라 하여_ 행 12:11

베드로는 나중에야 주님께서 천사를 통해 자신을 헤롯의 손과 유대 백성의 모든 기대에서 벗어나게 하신 줄 알았다.

4) 하나님이 무엇을 원하시는지 아는 지혜

16 항상 기뻐하라 17 쉬지 말고 기도하라 18 범사에 감사하라 이것이 그리스도 예수 안에서 너희를 향하신 하나님의 뜻이니라_ 살전 5:16-18

항상 기뻐하고, 쉬지 말고 기도하고, 범사에 감사하기를 원하시는 하나님의 뜻을 알아야 한다.

5) 생명도 연장해 주시는 주님의 마음 과 능력 을 아는 것

1 그때에 히스기야가 병들어 죽게 되매 아모스의 아들 선지자 이사야가 그에게 나아와서 그에게 이르되 여호와의 말씀이 너는 집을 정리하라 네가 죽고 살지 못하리라 하셨나이다 2 히스기야가 낯을 벽으로 향하고 여호와께 기도하여 이르되 3 여호와여 구하오니 내가 진실과 전심으로 주 앞에 행하며 주께서 보시기에 선하게 행한 것을 기억하옵소서 하고 히스기야가 심히 통곡하더라 4 이사야가 성읍 가운데까지도 이르기 전에 여호와의 말씀이 그에게 임하여 이르시되 5 너는 돌아가서 내 백성의 주권자 히스기야에게 이르기를 왕의 조상 다윗의 하나님 여호와의 말씀이 내가 네 기도를 들었고 네 눈물을 보았노라 내가 너를 낫게 하리니 네가 삼 일 만에 여호와의 성전에 올라가겠고 6 내가 네 날에 십오 년을 더할 것이며 내가 너와 이 성을 앗수르 왕의 손에서 구원하고 내가 나를 위하고 또 내 종 다윗을 위하므로 이 성을 보호하리라 하셨다 하라 하셨더라_ 왕하 20:1-6

히스기야가 자신이 죽게될 것을 알게 되었을 때, 낯을 벽으로 향하고 기도하였다. 하나님은 그런 히스기야의 기도를 듣고, 생명을 15년 연장해 주셨다.

6) 기도하는 자녀에게 좋은 것을 주시는 마음

너희가 악한 자라도 좋은 것으로 자식에게 줄 줄 알거든 하물며 하늘에 계신 너희 아버지께서 구하는 자에게 좋은 것으로 주시지 않겠느냐_마 7:11

우리가 악한 자라도 자녀에게는 좋은 것을 주듯 우리 하늘에 계신 아버지도 구하는 자에게 좋은 것을 주심을 알고 기도해야 한다.

7) 기도할 때 환상 보고 이해하기

밤에 환상이 바울에게 보이니 마게도냐 사람 하나가 서서 그에게 청하여 이르되 마게도냐로 건너와서 우리를 도우라 하거늘_행 16:9

8) 하나님의 음성 듣기

4 여호와께서 사무엘을 부르시는지라 그가 대답하되 내가 여기 있나이다 하고 5 엘리에게로 달려가서 이르되 당신이 나를 부르셨기로 내가 여기 있나이다 하니 그가 이르되 나는 부르지 아니하였으니 다시 누우라 하는지라 그가 가서 누웠더니 6 여호와께서 다시 사무엘을 부르시는지라 사무엘이 일어나 엘리에게로 가서 이르되 당신이 나를 부르셨기로 내가 여기 있나이다 하니 그가 대답하되 내 아들아 내가 부르지 아니하였으니 다시 누우라 하니라 7 사무엘이 아직 여호와를 알지 못하고 여호와의 말씀도 아직 그에게 나타나지 아니한 때라 8 여호와께서 세 번째 사무엘을 부르시는지라 그가 일어나 엘리에게로 가서 이르되 당신이 나를 부르셨기로 내가 여기 있나이다 하니 엘리가 여호와께서 이 아이를 부르신 줄을 깨닫고 9 엘리가 사무엘에게 이르되 가서 누웠다가 그가 너를 부르시거든 네가 말하기를 여호와여 말씀하옵소서 주의 종이 듣겠나이다 하라 하니 이에 사무엘이 가서 자기 처소에 누우니라 10 여호와께서 임하여 서서 전과 같이 사무엘아 사무엘아 부르시는지라 사무엘이 이르되 말씀하옵소서 주의 종이 듣겠나이다 하니 11 여호와께서 사무엘에게 이르시되 보라 내가 이스라엘 중에 한 일을 행하리니 그것을 듣는 자마다 두 귀가 울리리라_삼상 3:4-11

하나님이 사무엘을 부르실 때 음성을 듣고, 반응하였다.

9) 하나님의 **뜻** 알기

> 밤에 환상이 바울에게 보이니 마게도냐 사람 하나가 서서 그에게 청하여 이르
> 되 마게도냐로 건너와서 우리를 도우라 하거늘_**행 16:9**

바울은 아시아로 가고자 하였지만 마게도냐로 건너와서 도우라는 환
상을 보았다.

10) 겸손

> 그러나 더욱 큰 은혜를 주시나니 그러므로 일렀으되 하나님이 교만한 자를 물
> 리치시고 겸손한 자에게 은혜를 주신다 하였느니라_**약 4:6**

하나님은 교만한 자를 물리치시고, 겸손한 자에게는 은혜를 주시고
그 기도를 들어주신다.

6. 기도하는 바른 절차는 무엇인가

1) 찬양과 경배로 시작한다

기도를 시작할 때 하나님에 대한 자신의 사랑을 표현해야 한다. 주님
을 높여 드리고, 경배하여야 한다. 어떻게 하나님을 찬양할 것인가?

a. 하나님이 어떤 분인지 그 **존재** 를 찬양한다

첫 번째 효과적인 기도의 결정적인 요소는 하나님의 인격이다. 하나
님의 인격은 응답받는 기도의 기초이다. 하나님은 자신이 누구인지를 아

는 사람에게 응답하신다.

b. 하나님이 행하신 일을 찬양한다

시편은 하나님께서 이스라엘 백성들에게 하신 일을 찬양한 노래이다. 기도하는 사람은 자신에게 하신 하나님의 일을 잊지 않고 찬양할 수 있어야 한다.

2) 하나님의 목적 과 뜻 에 합당하게 역사하실 주님을 찬양한다

기도자의 삶 속에서 하나님이 계획하신 목적과 뜻이 이루어지기를 진정으로 원하고 있음을 고백해야 한다.

3) 우리의 죄를 용서 해 주시기를 구한다

죄의 용서에는 네 가지 단계가 있다.

a. 성령님께 모든 죄를 보여 주시기를 간구해야 한다

하나님이여 나를 살피사 내 마음을 아시며 나를 시험하사 내 뜻을 아옵소서_시 139:23

성령께서 죄를 드러내 주실 것을 구해야 한다.

b. 구체적으로 모든 죄를 자백 해야 한다

"주여, 나의 죄를 용서해 주십시오"라고 기도함으로써 대충 넘어가서는 안된다. 우리는 개별적이고 구체적으로 죄를 지었다. 그러므로 개별적으로 구체적으로 고백해야 한다.

자기의 죄를 숨기는 자는 형통하지 못하나 죄를 자복하고 버리는 자는 불쌍히 여김을 받으리라_잠 28:13

c. 필요하다면 몸으로도 반응해야 한다

> **23** 그러므로 예물을 제단에 드리려다가 거기서 네 형제에게 원망들을 만한 일
> 이 있는 것이 생각나거든 **24** 예물을 제단 앞에 두고 먼저 가서 형제와 화목하고
> 그 후에 와서 예물을 드리라_마 5:23-24

양심이 가책이 되어 계속 불편하면 실제적으로 배상하여 그 관계를 깨끗하게 해야 한다.

d. 하나님의 **용서하심** 을 믿음으로 받아들여야 한다

> 만일 우리가 우리 죄를 자백하면 그는 미쁘시고 의로우사 우리 죄를 사하시며
> 우리를 모든 불의에서 깨끗하게 하실 것이요_요일 1:9

하나님께 고백한 죄는 용서를 받았다. 그러므로 더 이상 그 죄로 인하여 고통을 받을 필요가 없다.

4) 쓴 뿌리 나 원한을 깨끗이 제거해야 한다

그리스도인들은 죄를 용서받으면 그것으로 모든 것이 다 된 줄 알고 있다. 그러나 하나님으로부터 기도의 응답을 받기 위해서는 우리 마음속에 있는 원한이나 쓴 뿌리를 제거하지 않으면 응답받을 수 없다.

> 우리 마음이 우리를 책망할 것이 없으면 하나님 앞에서 담대함을 얻고 무엇이
> 든지 구하는 바를 그에게서 받나니_요일 3:21-22
> 내가 나의 마음에 죄악을 품었더라면 주께서 듣지 아니하시리라_시 66:18

5) 하나님께서 보호하시고 역사해 주시기를 구해야 한다

우리는 매일 사탄과 영적 싸움을 치러야 한다. 우리는 순간순간마다 세상의 유혹에 직면한다. 그러므로 새벽 일찍 하루의 일과를 시작하기 전에 먼저 하나님으로부터 능력을 공급받아야 한다. 실제적으로 우리가

당하는 시험은 모두 감당할 수 있는 수준의 것들이다. 그러므로 시험 자체를 두려워할 필요는 없다. 다만 그 시험을 통과할 수 있도록 그 힘을 하나님께 구해야 한다.

> 사람이 감당할 시험 밖에는 너희가 당한 것이 없나니 오직 하나님은 미쁘사 너희가 감당하지 못할 시험 당함을 허락하지 아니하시고 시험 당할 즈음에 또한 피할 길을 내사 너희로 능히 감당하게 하시느니라_ 고전 10:13

6) 하나님께 자신을 위해 예비하신 것이 무엇인지를 묻고, 간청 하는 기도를 드린다

하나님은 모든 것을 창조하시고 주관하시는 분이므로 우리의 필요를 구해야 한다. 기도는 하나님에게 전적으로 의지하고 신뢰하는 것이다. 우리의 삶 속에서 얻어지는 모든 것이 하나님이 예비하신 것이며, 하나님의 은혜임을 인정하는 것이다.

> 아무것도 염려하지 말고 다만 모든 일에 기도와 간구로, 너희 구할 것을 감사함으로 하나님께 아뢰라_ 빌 4:6

7. 기도 수칙은 무엇인가

- **내** 기도 제목만 놓고 기도하지 마라
- 일단 기도한 것은 **믿음** 으로 기다리라
- 하나님의 뜻대로 기도하는지 점검하라
- 기도해 주는 사람과 연락해 보라
- 중언부언하지 말고, 집중하기 위해 때로 **소리 내어** 기도하라
- 정한 기도 시간의 **양** 을 채우라
- 사람들과 거리를 두고, 조용한 곳에서 기도하라

8. 바른 기도의 수칙

"오직 **믿음** 으로 구하고 조금도 **의심** 하지 말라. 의심하는 자는 마치 바람에 밀려 요동하는 바다 물결 같으니 이런 사람은 무엇이든지 주께 **얻기** 를 생각하지 말라."

> 6 오직 믿음으로 구하고 조금도 의심하지 말라 의심하는 자는 마치 바람에 밀려 요동하는 바다 물결 같으니 7 이런 사람은 무엇이든지 주께 얻기를 생각하지 말라_약 1:6-7

Q 믿음으로 간구하고, 조금도 의심하지 않고,
받은 기도 응답은 무엇인가?

9. 기도할 때 일어나는 일은 무엇인가

> 1 오순절 날이 이미 이르매 그들이 다 같이 한 곳에 모였더니 2 홀연히 하늘로부터 급하고 강한 바람 같은 소리가 있어 그들이 앉은 온 집에 가득하며 3 마치 불의 혀처럼 갈라지는 것들이 그들에게 보여 각 사람 위에 하나씩 임하여 있더니 4 그들이 다 성령의 충만함을 받고 성령이 말하게 하심을 따라 다른 언어들로 말하기를 시작하니라_행 2:1-4

성령님이 임하신다. 오순절 날 초대 교회 성도들이 모였을 때 홀연히 하늘로부터 급하고 강한 바람 같은 성령 하나님이 임재하셨다.

> 시험에 들지 않게 깨어 기도하라 마음에는 원이로되 육신이 약하도다 하시고_
> 마 26:41

시험에 들지 않는다. 예수님은 시험에 들지 않게 깨어 기도하라고 하셨다. 마음은 원하나 육신이 약해서 우리가 잘 넘어질 수 있기 때문이다.

34 너희는 스스로 조심하라 그렇지 않으면 방탕함과 술 취함과 생활의 염려로 마음이 둔하여지고 뜻밖에 그날이 덫과 같이 너희에게 임하리라 **35** 이날은 온 지구상에 거하는 모든 사람에게 임하리라 **36** 이러므로 너희는 장차 올 이 모든 일을 능히 피하고 인자 앞에 서도록 항상 기도하며 깨어 있으라 하시니라_눅 21:34-36

타락함에 빠지지 않는다. 기도하면 스스로 조심하게 된다. 그래서 방탕함, 술 취함, 생활의 염려로 마음이 둔하여지지 않고, 주님 앞에 서도록 깨어 있게 된다.

10. 바른 기도의 모범은 무엇인가

제주도 이기풍 목사의 아내 '윤함애 사모'의 기도문
(1879년 12월 8일 황해도 안악에서 출생, 이기풍 목사의 아내, 47세에 막내딸 이사례 출산)

세상과 짝하지 마라
5분 이상 예수님을 잊지 마라
열심히 교회봉사를 하라
주의 종은 하나님 다음가는 분이시다
주의 종의 가슴을 아프게 하지 마라
목사님의 가슴을 아프게 하면 미리암과 같이 벌을 받게 될 것이다
상대방이 네 인격을 어떠한 방법으로 무자비하게 짓밟고 천대와 멸시를 하더라도 십자가에 매달리신 예수님만 바라보며 끝까지 참아라
네가 세상을 떠난 후에 심판대에서 예수님께서 판가름을 해 주실 것이다.
그러므로 날마다 참으며 네가 네 자신을 죽여라
네가 죽어지지 않을 때 남을 미워하게 될 것이다

남을 용서하지 못할 때 예수님도 너를 용서하지 않으실 것이다

나를 제일 미워하는 사람을 용서할 수 있는 사람이 참 그리스도인이다

신자의 무기는 감사와 인내와 사랑과 겸손이다

감사는 축복을 열고 닫는 자물쇠이기 때문이다

성령 충만하지 못하면 겸손할 수가 없다

겸손하지 못할 때 성령님은 너를 외면하실 것이다

제일 무서운 것은 신앙의 교만이다

11. 앞으로 기도를 잘하기 위해 기도를 어떻게 할지 고민해야 한다. 더 바른 기도자가 되기 위해 기도의 십계명은 어떠해야 하는가 각자 기도 십계명을 작성해 보라!

1)

2)

3)

4)

5)

6)

7)

8)

9)

10)

기도 십계명

1) 나와 하나님과의 인격적 교제가 이루어지게 하라!
2) 성령님의 도우심과 교통함으로 기도하라!
3) 기도로 하나님께 협력하고, 설득시키려 하지 마라!
   기도는 하나님의 뜻에 의해서 나 자신이 변화되는 것이다.
4) 기도 가운데 올려 드릴 것은 올려 드리라!
   기도는 받고 누리려고만 하는 것이 아니라, 마음을 담는 그릇인 시간
   과 물질, 헌신, 몸을 드리기를 간구하는 것이다. 이미 가장 귀중한 것
   을 받았으니 드리라. 하나님께 쓰임 받다가 가자. 하나님은 우리를
   쓰려고 부르셨다. 쓰임 받기 위해서 드리라. 드리고 또 드려야 한다.
5) 기도 가운데 하나님으로부터 심령의 상처와 질병을 치유 받
   으라!
6) 기도 응답보다 하나님께 더 집중하라!
7) 진실한 마음으로 기도하라!
8) 단순한 기도를 드리라!
9) 기도할 때 말을 하기만 하지 말고, 듣는 시간을 가지라!
   말하고 듣고, 묻고 듣는 것이다. 내 안에서 음성이 들리게 될 때까지
   귀를 기울이는 것이다. 마음에서 들리는 소리를 들어야 한다.
10) 주님과 교제하며 깊은 사랑을 나누도록 하라!
   인격이신 주님과 사랑을 나누는 것이다. 사랑을 주는 사람이 사랑을
   받게 된다. 사랑의 말을 고백하라. 인격적으로 사랑의 말을 나누라.

Q 기도 십계명 중에서 나 자신이 가장 잘 지키지 못하는 계명은 무엇인 것 같은가?

Q 기도 십계명을 프린트해서 어디에 두고 싶은가?

과제

☑️ **말씀암송**

마태복음 7:11

너희가 악한 자라도 좋은 것으로 자식에게 줄 줄 알거든

하물며 하늘에 계신 너희 아버지께서 구하는 자에게

좋은 것으로 주시지 않겠느냐

☑️ **하루 30분씩 매일 기도해 주세요.**

☑️ **3명 이상에게 중보기도 제목을 받고, 기도해 주세요.**

☑️ **기도문을 적어 제출해 주세요.**

[개인, 가정, 교회, 나라를 위한 기도]

☑️ **메모**

_____

_____

_____

_____

Upright prayer

chapter 5

두번째 바른 기도

1. 구약성경에 나오는 기도자의 모범과 각 특징은 무엇인가

1) 아브라함 의 기도

22 그 사람들이 거기서 떠나 소돔으로 향하여 가고 아브라함은 여호와 앞에 그대로 섰더니 **23** 아브라함이 가까이 나아가 이르되 주께서 의인을 악인과 함께 멸하려 하시나이까 **24** 그 성 중에 의인 오십 명이 있을지라도 주께서 그곳을 멸하시고 그 오십 의인을 위하여 용서하지 아니하시리이까 **25** 주께서 이같이 하사 의인을 악인과 함께 죽이심은 부당하오며 의인과 악인을 같이 하심도 부당하니이다 세상을 심판하시는 이가 정의를 행하실 것이 아니니이까 **26** 여호와께서 이르시되 내가 만일 소돔 성읍 가운데에서 의인 오십 명을 찾으면 그들을 위하여 온 지역을 용서하리라 **27** 아브라함이 대답하여 이르되 나는 티끌이나 재와 같사오나 감히 주께 아뢰나이다 **28** 오십 의인 중에 오 명이 부족하다면 그 오 명이 부족함으로 말미암아 온 성읍을 멸하시리이까 이르시되 내가 거기서 사십오 명을 찾으면 멸하지 아니하리라 **29** 아브라함이 또 아뢰어 이르되 거기서 사십 명을 찾으시면 어찌 하려 하시나이까 이르시되 사십 명으로 말미암아 멸하지 아니하리라 **30** 아브라함이 이르되 내 주여 노하지 마시옵고 말씀하게 하옵소서 거기서 삼십 명을 찾으시면 어찌 하려 하시나이까 이르시되 내가 거기서 삼십 명을 찾으면 그리하지 아니하리라 **31** 아브라함이 또 이르되 내가 감히 내 주께 아뢰나이다 거기서 이십 명을 찾으시면 어찌 하려 하시나이까 이르시되 내가 이십 명으로 말미암아 그리하지 아니하리라 **32** 아브라함이 또 이르되 주는 노하지 마옵소서 내가 이번만 더 아뢰리이다 거기서 십 명을 찾으시면 어찌 하려 하시나이까 이르시되 내가 십 명으로 말미암아 멸하지 아니하리라 **33** 여호와께서 아브라함과 말씀을 마치시고 가시니 아브라함도 자기 곳으로 돌아갔더라_창 18:22-33

소돔과 고모라를 위한 중보를 하였다.

2) 모세의 기도

13 내가 참으로 주의 목전에 은총을 입었사오면 원하건대 주의 길을 내게 보이사 내게 주를 알리시고 나로 주의 목전에 은총을 입게 하시며 이 족속을 주의

백성으로 여기소서 **14** 여호와께서 이르시되 내가 친히 가리라 내가 너를 쉬게 하리라 **15** 모세가 여호와께 아뢰되 주께서 친히 가지 아니하시려거든 우리를 이곳에서 올려 보내지 마옵소서_출 33:13-15

자신의 민족 이스라엘에 은총을 베푸사 떠나지 말고, 함께 동행하여 달라고 기도하였다.

3) 여호수아의 기도

12 여호와께서 아모리 사람을 이스라엘 자손에게 넘겨 주시던 날에 여호수아가 여호와께 아뢰어 이스라엘의 목전에서 이르되 태양아 너는 기브온 위에 머무르라 달아 너도 아얄론 골짜기에서 그리할지어다 하매 **13** 태양이 머물고 달이 멈추기를 백성이 그 대적에게 원수를 갚기까지 하였느니라 야살의 책에 태양이 중천에 머물러서 거의 종일토록 속히 내려가지 아니하였다고 기록되지 아니하였느냐 **14** 여호와께서 사람의 목소리를 들으신 이같은 날은 전에도 없었고 후에도 없었나니 이는 여호와께서 이스라엘을 위하여 싸우셨음이니라_수 10:12-14

전쟁 중 태양을 중천에 머물게 기도하였다.

4) 한나의 기도

10 한나가 마음이 괴로워서 여호와께 기도하고 통곡하며 **11** 서원하여 이르되 만군의 여호와여 만일 주의 여종의 고통을 돌보시고 나를 기억하사 주의 여종을 잊지 아니하시고 주의 여종에게 아들을 주시면 내가 그의 평생에 그를 여호와께 드리고 삭도를 그의 머리에 대지 아니하겠나이다 **12** 그가 여호와 앞에 오래 기도하는 동안에 엘리가 그의 입을 주목한즉 **13** 한나가 속으로 말하매 입술만 움직이고 음성은 들리지 아니하므로 엘리는 그가 취한 줄로 생각한지라 **14** 엘리가 그에게 이르되 네가 언제까지 취하여 있겠느냐 포도주를 끊으라 하니 **15** 한나가 대답하여 이르되 내 주여 그렇지 아니하니이다 나는 마음이 슬픈 여자라 포도주나 독주를 마신 것이 아니요 여호와 앞에 내 심정을 통한 것뿐이오니 **16** 당신의 여종을 악한 여자로 여기지 마옵소서 내가 지금까지 말한 것은 나의 원통함과 격분됨이 많기 때문이니이다 하는지라 **17** 엘리가 대답하여 이르되 평안히 가라 이스라엘의 하나님이 네가 기도하여 구한 것을 허락하시기를 원하

노라 하니 **18** 이르되 당신의 여종이 당신께 은혜 입기를 원하나이다 하고 가서 먹고 얼굴에 다시는 근심 빛이 없더라 **19** 그들이 아침에 일찍이 일어나 여호와 앞에 경배하고 돌아가 라마의 자기 집에 이르니라 엘가나가 그의 아내 한나와 동침하매 여호와께서 그를 생각하신지라 **20** 한나가 임신하고 때가 이르매 아들을 낳아 사무엘이라 이름하였으니 이는 내가 여호와께 그를 구하였다 함이더라_ **삼상 1:10-20**

자녀, 사무엘을 얻기까지 기도하였다.

5) 다윗 의 기도

1 하나님이여 주의 인자를 따라 내게 은혜를 베푸시며 주의 많은 긍휼을 따라 내 죄악을 지워 주소서 **2** 나의 죄악을 말갛게 씻으시며 나의 죄를 깨끗이 제하소서 **3** 무릇 나는 내 죄과를 아오니 내 죄가 항상 내 앞에 있나이다 **4** 내가 주께만 범죄하여 주의 목전에 악을 행하였사오니 주께서 말씀하실 때에 의로우시다 하고 주께서 심판하실 때에 순전하시다 하리이다 **5** 내가 죄악 중에서 출생하였음이여 어머니가 죄 중에서 나를 잉태하였나이다 **6** 보소서 주께서는 중심이 진실함을 원하시오니 내게 지혜를 은밀히 가르치시리이다 **7** 우슬초로 나를 정결하게 하소서 내가 정하리이다 나의 죄를 씻어 주소서 내가 눈보다 희리이다 **8** 내게 즐겁고 기쁜 소리를 들려 주시사 주께서 꺾으신 뼈들도 즐거워하게 하소서 **9** 주의 얼굴을 내 죄에서 돌이키시고 내 모든 죄악을 지워 주소서_ **시 51:1-9**

밧세바를 범한 죄를 회개하는 기도를 하였다.

6) 솔로몬의 기도

4 이에 왕이 제사하러 기브온으로 가니 거기는 산당이 큼이라 솔로몬이 그 제단에 일천 번제를 드렸더니 **5** 기브온에서 밤에 여호와께서 솔로몬의 꿈에 나타나시니라 하나님이 이르시되 내가 네게 무엇을 줄꼬 너는 구하라 **6** 솔로몬이 이르되 주의 종 내 아버지 다윗이 성실과 공의와 정직한 마음으로 주와 함께 주 앞에서 행하므로 주께서 그에게 큰 은혜를 베푸셨고 주께서 또 그를 위하여 이 큰 은혜를 항상 주사 오늘과 같이 그의 자리에 앉을 아들을 그에게 주셨나이다

7 나의 하나님 여호와여 주께서 종으로 종의 아버지 다윗을 대신하여 왕이 되게 하셨사오나 종은 작은 아이라 출입할 줄을 알지 못하고 **8** 주께서 택하신 백성 가운데 있나이다 그들은 큰 백성이라 수효가 많아서 셀 수도 없고 기록할 수도 없사오니 **9** 누가 주의 이 많은 백성을 재판할 수 있사오리이까 듣는 마음을 종에게 주사 주의 백성을 재판하여 선악을 분별하게 하옵소서 **10** 솔로몬이 이것을 구하매 그 말씀이 주의 마음에 든지라 **11** 이에 하나님이 그에게 이르시되 네가 이것을 구하도다 자기를 위하여 장수하기를 구하지 아니하며 부도 구하지 아니하며 자기 원수의 생명을 멸하기도 구하지 아니하고 오직 송사를 듣고 분별하는 지혜를 구하였으니 **12** 내가 네 말대로 하여 네게 지혜롭고 총명한 마음을 주노니 네 앞에도 너와 같은 자가 없었거니와 네 뒤에도 너와 같은 자가 일어남이 없으리라 **13** 내가 또 네가 구하지 아니한 부귀와 영광도 네게 주노니 네 평생에 왕들 중에 너와 같은 자가 없을 것이라 **14** 네가 만일 네 아버지 다윗이 행함 같이 내 길로 행하며 내 법도와 명령을 지키면 내가 또 네 날을 길게 하리라 **_왕상 3:4-14_**

지혜를 구하는 기도를 하였다.

7) 히스기야 의 기도

1 그때에 히스기야가 병들어 죽게 되매 아모스의 아들 선지자 이사야가 그에게 나아와서 그에게 이르되 여호와의 말씀이 너는 집을 정리하라 네가 죽고 살지 못하리라 하셨나이다 **2** 히스기야가 낯을 벽으로 향하고 여호와께 기도하여 이르되 **3** 여호와여 구하오니 내가 진실과 전심으로 주 앞에 행하며 주께서 보시기에 선하게 행한 것을 기억하옵소서 하고 히스기야가 심히 통곡하더라 **4** 이사야가 성읍 가운데까지도 이르기 전에 여호와의 말씀이 그에게 임하여 이르시되 **5** 너는 돌아가서 내 백성의 주권자 히스기야에게 이르기를 왕의 조상 다윗의 하나님 여호와의 말씀이 내가 네 기도를 들었고 네 눈물을 보았노라 내가 너를 낫게 하리니 네가 삼 일 만에 여호와의 성전에 올라가겠고 **6** 내가 네 날에 십오 년을 더할 것이며 내가 너와 이 성을 앗수르 왕의 손에서 구원하고 내가 나를 위하고 또 내 종 다윗을 위하므로 이 성을 보호하리라 하셨다 하라 하셨더라 **7** 이사야가 이르되 무화과 반죽을 가져오라 하매 무리가 가져다가 그 상처에 놓으니 나으니라 **8** 히스기야가 이사야에게 이르되 여호와께서 나를 낫게 하시고 삼 일 만에 여호와의 성전에 올라가게 하실 무슨 징표가 있나이까 하니 **9** 이

사야가 이르되 여호와께서 하신 말씀을 응하게 하실 일에 대하여 여호와께로부터 왕에게 한 징표가 임하리이다 해 그림자가 십도를 나아갈 것이니이까 혹 십도를 물러갈 것이니이까 하니 **10** 히스기야가 대답하되 그림자가 십도를 나아가기는 쉬우니 그리할 것이 아니라 십도가 뒤로 물러갈 것이니이다 하니라 **11** 선지자 이사야가 여호와께 간구하매 아하스의 해시계 위에 나아갔던 해 그림자를 십도 뒤로 물러가게 하셨더라_ **왕하 20:1-11**

여호와께 병 낫기를 위해 기도하였다.

8) 에스더의 기도

당신은 가서 수산에 있는 유다인을 다 모으고 나를 위하여 금식하되 밤낮 삼 일을 먹지도 말고 마시지도 마소서 나도 나의 시녀와 더불어 이렇게 금식한 후에 규례를 어기고 왕에게 나아가리니 죽으면 죽으리이다 하니라_ **에 4:16**

민족을 위해 "죽으면 죽으리라"는 결단의 기도를 드렸다.

9) 다니엘 의 기도

다니엘이 이 조서에 왕의 도장이 찍힌 것을 알고도 자기 집에 돌아가서는 윗방에 올라가 예루살렘으로 향한 창문을 열고 전에 하던 대로 하루 세 번씩 무릎을 꿇고 기도하며 그의 하나님께 감사하였더라_ **단 6:10**

어떤 상황 속에서도 예루살렘을 향해 하루 세 번씩 기도하였다.

10) 욥의 기도

1 욥이 여호와께 대답하여 이르되 **2** 주께서는 못 하실 일이 없사오며 무슨 계획이든지 못 이루실 것이 없는 줄 아오니 **3** 무지한 말로 이치를 가리는 자가 누구니이까 나는 깨닫지도 못한 일을 말하였고 스스로 알 수도 없고 헤아리기도 어려운 일을 말하였나이다 **4** 내가 말하겠사오니 주는 들으시고 내가 주께 묻겠사오니 주여 내게 알게 하옵소서 **5** 내가 주께 대하여 귀로 듣기만 하였사오나 이제는 눈으로 주를 뵈옵나이다 **6** 그러므로 내가 스스로 거두어들이고 티끌과 재

가운데에서 회개하나이다_ **욥 42:1-6**

욥은 자신의 무지와 교만을 회개하며 하나님께 기도를 드렸다.

2. 초대 교회 제자들은 어떻게 기도하였는가

12 제자들이 감람원이라 하는 산으로부터 예루살렘에 돌아오니 이 산은 예루
살렘에서 가까워 안식일에 가기 알맞은 길이라 13 들어가 그들이 유하는 다락
방으로 올라가니 베드로, 요한, 야고보, 안드레와 빌립, 도마와 바돌로매, 마태
와 및 알패오의 아들 야고보, 셀롯인 시몬, 야고보의 아들 유다가 다 거기 있어
14 여자들과 예수의 어머니 마리아와 예수의 아우들과 더불어 마음을 같이하여
오로지 기도에 힘쓰더라_ **행 1:12-14**

오로지 더불어 마음을 같이하여 기도에 힘썼다.

29 주여 이제도 그들의 위협함을 굽어보시옵고 또 종들로 하여금 담대히 하나
님의 말씀을 전하게 하여 주시오며 30 손을 내밀어 병을 낫게 하시옵고 표적과
기사가 거룩한 종 예수의 이름으로 이루어지게 하옵소서 하더라 31 빌기를 다
하매 모인 곳이 진동하더니 무리가 다 성령이 충만하여 담대히 하나님의 말씀
을 전하니라_ **행 4:29-31**

위협 속에서 말씀을 전하고, 병을 낫게 하고, 표적과 기사를 통해 예
수 그리스도의 복음이 전해지도록 간구하였다. 그때 기도를 다 하자 모
인 곳이 진동하고, 성령 충만하였다.

Q 깊이 기도하면서 성령 충만을 경험한 적이 있는가?

4 우리는 오로지 기도하는 일과 말씀 사역에 힘쓰리라 하니 5 온 무리가 이 말을
기뻐하여 믿음과 성령이 충만한 사람 스데반과 또 빌립과 브로고로와 니가노
르와 디몬과 바메나와 유대교에 입교했던 안디옥 사람 니골라를 택하여 6 사도
들 앞에 세우니 사도들이 기도하고 그들에게 안수하니라_ **행 6:4-6**

사도들의 중요한 직무인 기도를 하였다.

> **5** 이에 베드로는 옥에 갇혔고 교회는 그를 위하여 간절히 하나님께 기도하더라 **6** 헤롯이 잡아 내려고 하는 그 전날 밤에 베드로가 두 군인 틈에서 두 쇠사슬에 매여 누워 자는데 파수꾼들이 문 밖에서 옥을 지키더니 **7** 홀연히 주의 사자가 나타나매 옥중에 광채가 빛나며 또 베드로의 옆구리를 쳐 깨워 이르되 급히 일어나라 하니 쇠사슬이 그 손에서 벗어지더라 **8** 천사가 이르되 띠를 띠고 신을 신으라 하거늘 베드로가 그대로 하니 천사가 또 이르되 겉옷을 입고 따라오라 한대 **9** 베드로가 나와서 따라갈새 천사가 하는 것이 생시인 줄 알지 못하고 환상을 보는가 하니라 **10** 이에 첫째와 둘째 파수를 지나 시내로 통한 쇠문에 이르니 문이 저절로 열리는지라 나와서 한 거리를 지나매 천사가 곧 떠나더라 **11** 이에 베드로가 정신이 들어 이르되 내가 이제야 참으로 주께서 그의 천사를 보내어 나를 헤롯의 손과 유대 백성의 모든 기대에서 벗어나게 하신 줄 알겠노라 하여 **12** 깨닫고 마가라 하는 요한의 어머니 마리아의 집에 가니 여러 사람이 거기에 모여 기도하고 있더라_ 행 12:5-12

베드로를 위한 합심기도를 하였다.

> **1** 안디옥 교회에 선지자들과 교사들이 있으니 곧 바나바와 니게르라 하는 시므온과 구레네 사람 루기오와 분봉 왕 헤롯의 젖동생 마나엔과 및 사울이라 **2** 주를 섬겨 금식할 때에 성령이 이르시되 내가 불러 시키는 일을 위하여 바나바와 사울을 따로 세우라 하시니 **3** 이에 금식하며 기도하고 두 사람에게 안수하여 보내니라_ 행 13:1-3

안디옥 교회에서 바울의 파송을 위한 금식 기도를 하였다.

> **22** 제자들의 마음을 굳게 하여 이 믿음에 머물러 있으라 권하고 또 우리가 하나님의 나라에 들어가려면 많은 환난을 겪어야 할 것이라 하고 **23** 각 교회에서 장로들을 택하여 금식 기도 하며 그들이 믿는 주께 그들을 위탁하고_ 행 14:22-23

교회에서 장로를 택하고 금식 기도를 하였다.

> **31** 그러므로 여러분이 일깨어 내가 삼 년이나 밤낮 쉬지 않고 눈물로 각 사람을 훈계하던 것을 기억하라 **32** 지금 내가 여러분을 주와 및 그 은혜의 말씀에 부탁하노니 그 말씀이 여러분을 능히 든든히 세우사 거룩하게 하심을 입은 모든 자

가운데 기업이 있게 하시리라 **33** 내가 아무의 은이나 금이나 의복을 탐하지 아니하였고 **34** 여러분이 아는 바와 같이 이 손으로 나와 내 동행들이 쓰는 것을 충당하여 **35** 범사에 여러분에게 모본을 보여준 바와 같이 수고하여 약한 사람들을 돕고 또 주 예수께서 친히 말씀하신 바 주는 것이 받는 것보다 복이 있다 하심을 기억하여야 할지니라 **36** 이 말을 한 후 무릎을 꿇고 그 모든 사람들과 함께 기도하니 **37** 다 크게 울며 바울의 목을 안고 입을 맞추고 **38** 다시 그 얼굴을 보지 못하리라 한 말로 말미암아 더욱 근심하고 배에까지 그를 전송하니라_행 20:31-38

에베소 교회의 장로들에게 고별 설교를 하고, 장로들과 함께 기도를 하였다.

4 제자들을 찾아 거기서 이레를 머물더니 그 제자들이 성령의 감동으로 바울더러 예루살렘에 들어가지 말라 하더라 **5** 이 여러 날을 지낸 후 우리가 떠나갈새 그들이 다 그 처자와 함께 성문 밖까지 전송하거늘 우리가 바닷가에서 무릎을 꿇어 기도하고 **6** 서로 작별한 후 우리는 배에 오르고 그들은 집으로 돌아가니라_행 21:4-6

두로 바닷가에서 무릎을 꿇고, 합심기도를 하였다. 제자들은 바울에게 두로에서 예루살렘으로 가지 말라고 하였지만 바울은 배에 오르고, 자신이 가야 할 곳으로 갔다.

Q 기도한 뒤 하나님이 주신 감동과 부르심으로 어떤 결정을 하고, 힘겹지만 주님의 뜻대로 나아갔던 경험이 있는가?

3. 초대 교회 제자들의 바른 기도의 특징은 무엇이었는가

1) 규칙 적인 기도

제 구 시 기도 시간에 베드로와 요한이 성전에 올라갈새_행 3:1

베드로는 제9시(오후 3시)에 성전에 올라가 기도하였다.

이튿날 그들이 길을 가다가 그 성에 가까이 갔을 그때에 베드로가 기도하려고 지붕에 올라가니 그 시각은 제 육 시더라_행 10:9

베드로는 규칙적인 기도를 제6시(정오, 12시)에 드렸다.

2 그가 경건하여 온 집안과 더불어 하나님을 경외하며 백성을 많이 구제하고 하나님께 항상 기도하더니 3 하루는 제 구 시쯤 되어 환상 중에 밝히 보매 하나님의 사자가 들어와 이르되 고넬료야 하니 4 고넬료가 주목하여 보고 두려워 이르되 주여 무슨 일이니이까 천사가 이르되 네 기도와 구제가 하나님 앞에 상달되어 기억하신 바가 되었으니 5 네가 지금 사람들을 욥바에 보내어 베드로라 하는 시몬을 청하라_행 10:2-5

고넬료는 제9시에 기도를 드렸다. 환상 중에 베드로를 청하라고 하셨다.

2) 간절히 무릎 꿇는 기도

59 그들이 돌로 스데반을 치니 스데반이 부르짖어 이르되 주 예수여 내 영혼을 받으시옵소서 하고 60 무릎을 꿇고 크게 불러 이르되 주여 이 죄를 그들에게 돌리지 마옵소서 이 말을 하고 자니라_행 7:59-60

스데반이 무릎을 꿇고 부르짖어 기도했다.

베드로가 사람을 다 내보내고 무릎을 꿇고 기도하고 돌이켜 시체를 향하여 이르되 다비다야 일어나라 하니 그가 눈을 떠 베드로를 보고 일어나 앉는지라_행 9:40

다비다(도르가)를 위해 베드로는 무릎 꿇는 기도를 하였다.

3) 기도처 를 찾아 간구하는 기도

13 안식일에 우리가 기도할 곳이 있을까 하여 문 밖 강가에 나가 거기 앉아서 모인 여자들에게 말하는데 14 두아디라 시에 있는 자색 옷감 장사로서 하나님을

섬기는 루디아라 하는 한 여자가 말을 듣고 있을 때 주께서 그 마음을 열어 바울의 말을 따르게 하신지라_행 16:13-14

제자들이 안식일에 기도처를 찾아서 기도하려고 하였고, 두아디라에 사는 루디아를 통해 교회가 개척되었다.

후에 내가 예루살렘으로 돌아와서 성전에서 기도할 때에 황홀한 중에_행 22:17

바울이 성전에서 기도하였다.

4. 바울 서신에 나타난 기도의 내용은 무엇인가

1) 성도들 을 위한 기도와 찬양

8 먼저 내가 예수 그리스도로 말미암아 너희 모든 사람에 관하여 내 하나님께 감사함은 너희 믿음이 온 세상에 전파됨이로다 9 내가 그의 아들의 복음 안에서 내 심령으로 섬기는 하나님이 나의 증인이 되시거니와 항상 내 기도에 쉬지 않고 너희를 말하며 10 어떻게 하든지 이제 하나님의 뜻 안에서 너희에게로 나아갈 좋은 길 얻기를 구하노라 11 내가 너희 보기를 간절히 원하는 것은 어떤 신령한 은사를 너희에게 나누어 주어 너희를 견고하게 하려 함이니 12 이는 곧 내가 너희 가운데서 너희와 나의 믿음으로 말미암아 피차 안위함을 얻으려 함이라_롬 1:8-12

로마 성도들을 위한 기도와 찬양이었다.

2) 동족의 구원을 위한 기도

나의 형제 곧 골육의 친척을 위하여 내 자신이 저주를 받아 그리스도에게서 끊어질지라도 원하는 바로라_롬 9:3

동족의 구원을 위해 기도하였다.

형제들아 내 마음에 원하는 바와 하나님께 구하는 바는 이스라엘을 위함이니
곧 그들로 구원을 받게 함이라_롬 10:1

3) 하나님의 뜻 이 무엇인지 분별하고, 거룩하게 서도록 하는 기도

1 그러므로 형제들아 내가 하나님의 모든 자비하심으로 너희를 권하노니 너희
몸을 하나님이 기뻐하시는 거룩한 산 제물로 드리라 이는 너희가 드릴 영적 예
배니라 2 너희는 이 세대를 본받지 말고 오직 마음을 새롭게 함으로 변화를 받
아 하나님의 선하시고 기뻐하시고 온전하신 뜻이 무엇인지 분별하도록 하라_
롬 12:1-2

하나님의 뜻이 무엇인지 분별하고, 이 세대와 다르게 거룩하게 서도
록 간구하였다.

4) 하나님께 영광을 돌리는 기도

5 이제 인내와 위로의 하나님이 너희로 그리스도 예수를 본받아 서로 뜻이 같
게 하여 주사 6 한마음과 한 입으로 하나님 곧 우리 주 예수 그리스도의 아버지
께 영광을 돌리게 하려 하노라_롬 15:5-6

인내와 위로 속에서 성도가 한마음과 한 입으로 주님께 영광을 돌리
도록 기도하였다.

5) 사탄 을 이기게 하는 기도

평강의 하나님께서 속히 사탄을 너희 발 아래에서 상하게 하시리라 우리 주 예
수의 은혜가 너희에게 있을지어다_롬 16:20

사탄을 이기는 기도를 하였다.

5. 성경에 나타나는 바른 기도의 종류는 어떤 것들이 있는가

성경에 기도라는 말은 300번 정도 나온다. 간구라는 말은 106번, 도고라는 단어는 한 번 언급된다.

1) 새벽 기도

> 새벽 아직도 밝기 전에 예수께서 일어나 나가 한적한 곳으로 가사 거기서 기도하시더니_막 1:35

2) 금식 기도

> 12 여호와의 말씀에 너희는 이제라도 금식하고 울며 애통하고 마음을 다하여 내게로 돌아오라 하셨나니 13 너희는 옷을 찢지 말고 마음을 찢고 너희 하나님 여호와께로 돌아올지어다 그는 은혜로우시며 자비로우시며 노하기를 더디하시며 인애가 크시사 뜻을 돌이켜 재앙을 내리지 아니하시나니 14 주께서 혹시 마음과 뜻을 돌이키시고 그 뒤에 복을 내리사 너희 하나님 여호와께 소제와 전제를 드리게 하지 아니하실는지 누가 알겠느냐_욜 2:12-14

3) 철야 기도

야곱

> 24 야곱은 홀로 남았더니 어떤 사람이 날이 새도록 야곱과 씨름하다가 25 자기가 야곱을 이기지 못함을 보고 그가 야곱의 허벅지 관절을 치매 야곱의 허벅지 관절이 그 사람과 씨름할 때에 어긋났더라 26 그가 이르되 날이 새려 하니 나로 가게 하라 야곱이 이르되 당신이 내게 축복하지 아니하면 가게 하지 아니하겠나이다_창 32:24-26

사무엘

3 하나님의 등불은 아직 꺼지지 아니하였으며 사무엘은 하나님의 궤 있는 여호와의 전 안에 누웠더니 **4** 여호와께서 사무엘을 부르시는지라 그가 대답하되 내가 여기 있나이다 하고 **5** 엘리에게로 달려가서 이르되 당신이 나를 부르셨기로 내가 여기 있나이다 하니 그가 이르되 나는 부르지 아니하였으니 다시 누우라 하는지라 그가 가서 누웠더니 **6** 여호와께서 다시 사무엘을 부르시는지라 사무엘이 일어나 엘리에게로 가서 이르되 당신이 나를 부르셨기로 내가 여기 있나이다 하니 그가 대답하되 내 아들아 내가 부르지 아니하였으니 다시 누우라 하니라 **7** 사무엘이 아직 여호와를 알지 못하고 여호와의 말씀도 아직 그에게 나타나지 아니한 때라 **8** 여호와께서 세 번째 사무엘을 부르시는지라 그가 일어나 엘리에게로 가서 이르되 당신이 나를 부르셨기로 내가 여기 있나이다 하니 엘리가 여호와께서 이 아이를 부르신 줄을 깨닫고 **9** 엘리가 사무엘에게 이르되 가서 누웠다가 그가 너를 부르시거든 네가 말하기를 여호와여 말씀하옵소서 주의 종이 듣겠나이다 하라 하니 이에 사무엘이 가서 자기 처소에 누우니라 **10** 여호와께서 임하여 서서 전과 같이 사무엘아 사무엘아 부르시는지라 사무엘이 이르되 말씀하옵소서 주의 종이 듣겠나이다 하니 **11** 여호와께서 사무엘에게 이르시되 보라 내가 이스라엘 중에 한 일을 행하리니 그것을 듣는 자마다 두 귀가 울리리라 **12** 내가 엘리의 집에 대하여 말한 것을 처음부터 끝까지 그날에 그에게 다 이루리라 **13** 내가 그의 집을 영원토록 심판하겠다고 그에게 말한 것은 그가 아는 죄악 때문이니 이는 그가 자기의 아들들이 저주를 자청하되 금하지 아니하였음이니라 **14** 그러므로 내가 엘리의 집에 대하여 맹세하기를 엘리 집의 죄악은 제물로나 예물로나 영원히 속죄함을 받지 못하리라 하였노라 하셨더라_**삼상 3:3-14**

나단

그 밤에 여호와의 말씀이 나단에게 임하여 이르시되_**삼하 7:4**

다윗

내가 탄식함으로 피곤하여 밤마다 눈물로 내 침상을 띄우며 내 요를 적시나이

다_시 6:6

솔로몬

그날 밤에 하나님이 솔로몬에게 나타나 그에게 이르시되 내가 네게 무엇을 주랴 너는 구하라 하시니_대하 1:7

바울

9 밤에 환상이 바울에게 보이니 마게도냐 사람 하나가 서서 그에게 청하여 이르되 마게도냐로 건너와서 우리를 도우라 하거늘 10 바울이 그 환상을 보았을 때 우리가 곧 마게도냐로 떠나기를 힘쓰니 이는 하나님이 저 사람들에게 복음을 전하라고 우리를 부르신 줄로 인정함이러라_행 16:9-10

예수님

이때에 예수께서 기도하시러 산으로 가사 밤이 새도록 하나님께 기도하시고_눅 6:12

4) 산 기도

모세는 구름 속으로 들어가서 산 위에 올랐으며 모세가 사십 일 사십 야를 산에 있으니라_출 24:18

5) 합심 기도

진실로 다시 너희에게 이르노니 너희 중의 두 사람이 땅에서 합심하여 무엇이든지 구하면 하늘에 계신 내 아버지께서 그들을 위하여 이루게 하시리라_마 18:19

6) 통곡 기도

그는 육체에 계실 때에 자기를 죽음에서 능히 구원하실 이에게 심한 통곡과 눈물로 간구와 소원을 올렸고 그의 경건하심으로 말미암아 들으심을 얻었느니라_ 히 5:7

7) 통성 기도

그들이 돌로 스데반을 치니 스데반이 부르짖어 이르되 주 예수여 내 영혼을 받으시옵소서 하고_ 행 7:59

8) 방언 기도

14 내가 만일 방언으로 기도하면 나의 영이 기도하거니와 나의 마음은 열매를 맺지 못하리라 15 그러면 어떻게 할까 내가 영으로 기도하고 또 마음으로 기도하며 내가 영으로 찬송하고 또 마음으로 찬송하리라_ 고전 14:14-15

9) 예언 기도

너희는 다 모든 사람으로 배우게 하고 모든 사람으로 권면을 받게 하기 위하여 하나씩 하나씩 예언할 수 있느니라_ 고전 14:31

10) 박해자 를 위한 기도

나는 너희에게 이르노니 너희 원수를 사랑하며 너희를 박해하는 자를 위하여 기도하라_ 마 5:44

11) 안수 기도

이에 금식하며 기도하고 두 사람에게 안수하여 보내니라_ 행 13:3

12) 축복 기도

아론이 백성을 향하여 손을 들어 축복함으로 속죄제와 번제와 화목제를 마치
고 내려오니라_레 9:22

13) 찬송 기도

1 내가 여호와를 항상 송축함이여 내 입술로 항상 주를 찬양하리이다 2 내 영혼
이 여호와를 자랑하리니 곤고한 자들이 이를 듣고 기뻐하리로다 3 나와 함께
여호와를 광대하시다 하며 함께 그의 이름을 높이세_시 34:1-3

다윗이 아비멜렉 앞에서 미친 척하다가 쫓겨나서 지은 찬송으로 고백
한 내용이다.

14) 신유 기도

이르시되 기도 외에 다른 것으로는 이런 종류가 나갈 수 없느니라 하시니라_막 9:29

6. 기도를 최소 몇 번 해야 하는가

또 그들을 두시고 나아가 세 번째 같은 말씀으로 기도하신 후_마 26:44

예수님은 세 번 동일한 말씀으로 기도하셨다.

이것이 내게서 떠나가게 하기 위하여 내가 세 번 주께 간구하였더니_고후 12:8

바울은 자신의 질병이 떠나기를 세 번 간구하였다. 기도하는 자는 한
두 번이 아니라 최소 세 번 이상 기도해야 한다.

7. 기도는 하나님과 기도자만 염두에 두면 되는가

1 예수께서 그들에게 항상 기도하고 낙심하지 말아야 할 것을 비유로 말씀하여 **2** 이르시되 어떤 도시에 하나님을 두려워하지 않고 사람을 무시하는 한 재판장이 있는데 **3** 그 도시에 한 과부가 있어 자주 그에게 가서 내 원수에 대한 나의 원한을 풀어 주소서 하되 **4** 그가 얼마 동안 듣지 아니하다가 후에 속으로 생각하되 내가 하나님을 두려워하지 않고 사람을 무시하나 **5** 이 과부가 나를 번거롭게 하니 내가 그 원한을 풀어 주리라 그렇지 않으면 늘 와서 나를 괴롭게 하리라 하였느니라 **6** 주께서 또 이르시되 불의한 재판장이 말한 것을 들으라 **7** 하물며 하나님께서 그 밤낮 부르짖는 택하신 자들의 원한을 풀어 주지 아니하시겠느냐 그들에게 오래 참으시겠느냐 **8** 내가 너희에게 이르노니 속히 그 원한을 풀어 주시리라 그러나 인자가 올 때에 세상에서 믿음을 보겠느냐 하시니라_눅 18:1-8

여기서 기도에 세 방면이 있음을 알려 준다.

- 기도를 **드리는** 자
- 기도를 받으시는 하나님
- 기도자를 **방해** 하는 자, 원수

자신의 유익을 위해 기도하는 경우가 많다. 그러나 기도 응답을 통해 하나님이 드러나신다. 기도자와 하나님 사이에 침투해 기도자를 괴롭히는 어두운 세력이 있음을 간파해야 한다.

Q 우리를 넘어트리려는 가정, 교회, 사회에서
사탄의 전략은 무엇인 것 같은가?

바로 가정, 교회, 사회 속 공동체를 분열하려는 것이다. 그러하기에 기도자는 끊임없이 기도하고 중보해야 한다.

8. 바른 기도의 사람이 되면 하나님 앞에 어떤 사람이 될 수 있는가

1) 하나님의 벗

그러나 나의 종 너 이스라엘아 내가 택한 야곱아 나의 벗 아브라함의 자손아_
사 41:8

하나님의 벗이라는 칭함을 받는다.

2) 지면에서 가장 온유한 자

이 사람 모세는 온유함이 지면의 모든 사람보다 더하더라_ 민 12:3

모세를 온 지면에서 온유한 자라고 하셨다.

3) 하나님의 마음에 합한 사람

폐하시고 다윗을 왕으로 세우시고 증언하여 이르시되 내가 이새의 아들 다윗
을 만나니 내 마음에 맞는 사람이라 내 뜻을 다 이루리라 하시더니_ 행 13:22

하나님의 마음에 합한 사람이라고 일컬음을 받는다.

9. 바른 기도를 하면 어떤 영적인 유익이 있는가

1) 영적으로 주님을 깊이 체험 할 수 있다

1700년대 프랑스에서 신앙 때문에 감옥에 갇힌 잔느 귀용(Jeanne Guyon)
은 『예수 그리스도를 깊이 체험하기』에서 하나님이 요구하시는 것은 다
른 것이 아니라 주님을 깊이 체험 하는 것이라고 하였다.

2) 간결하지만 자신의 지역(지경) 을 넓히고, 환난 에서 벗어나 근심이 없도록 기

　　도를 드릴 수 있다

　　　야베스가 이스라엘 하나님께 아뢰어 이르되 주께서 내게 복을 주시려거든 나
　　　의 지역을 넓히시고 주의 손으로 나를 도우사 나로 환난을 벗어나 내게 근심이
　　　없게 하옵소서 하였더니 하나님이 그가 구하는 것을 허락하셨더라_대상 4:10

　야베스는 자신의 지역(지경)을 넓히고, 환난에서 벗어나 근심이 없게
해 달라고 기도했다.

3) 심지어 사람의 혼 이 다시 돌아오도록 기도할 수 있다

　　　그 아이 위에 몸을 세 번 펴서 엎드리고 여호와께 부르짖어 이르되 내 하나님 여
　　　호와여 원하건대 이 아이의 혼으로 그의 몸에 돌아오게 하옵소서 하니_왕상 17:21

　엘리야는 죽은 아이의 혼이 그 몸에 돌아오게 해 달라고 기도했다.

10. 바른 기도의 자세는 어떠해야 하는가

　특별한 자세가 있지 않다.

- 반드시 눈 을 감을 필요가 없다
- 반드시 두 손을 모으지 않아도
- 무릎을 꼭 꿇지 않아도 된다
- 큰 소리로만 기도해야 하는 것은 아니다
- 얼굴을 바닥에 대고 기도하지 않아도 된다

　사실 더 신경 써야 하는 것이 있다.

> 그러므로 너희 죄를 서로 고백하며 병이 낫기를 위하여 서로 기도하라 의인의
> 간구는 역사하는 힘이 큼이니라_약 5:16

의인의 간구는 역사하는 힘이 크기에 더 의로운 하나님의 사람이 되려고 해야 한다.

Q 나 자신은 어떻게 더 성화의 삶을 살도록 노력해야 하는가?

11. 기도와 간구를 하는 것은 참으로 좋은 것이다. 그러나 어떻게 기도해야 바른 기도와 간구가 될 것인가

한 가지 더 숙고해야 한다. 바울은 모든 기도와 간구를 하되 항상 성령 안에서 기도하라고 하였다.

> 모든 기도와 간구를 하되 항상 성령 안에서 기도하고 이를 위하여 깨어 구하기
> 를 항상 힘쓰며 여러 성도를 위하여 구하라_엡 6:18

12. 자녀를 낳고 싶어 하는 목적기도는 바른 기도인가

> 10 한나가 마음이 괴로워서 여호와께 기도하고 통곡하며 11 서원하여 이르되 만
> 군의 여호와여 만일 주의 여종의 고통을 돌보시고 나를 기억하사 주의 여종을
> 잊지 아니하시고 주의 여종에게 아들을 주시면 내가 그의 평생에 그를 여호와
> 께 드리고 삭도를 그의 머리에 대지 아니하겠나이다 12 그가 여호와 앞에 오래
> 기도하는 동안에 엘리가 그의 입을 주목한즉 13 한나가 속으로 말하매 입술만
> 움직이고 음성은 들리지 아니하므로 엘리는 그가 취한 줄로 생각한지라 14 엘
> 리가 그에게 이르되 네가 언제까지 취하여 있겠느냐 포도주를 끊으라 하니 15
> 한나가 대답하여 이르되 내 주여 그렇지 아니하니이다 나는 마음이 슬픈 여자
> 라 포도주나 독주를 마신 것이 아니요 여호와 앞에 내 심정을 통한 것뿐이오니

16 당신의 여종을 악한 여자로 여기지 마옵소서 내가 지금까지 말한 것은 나의 원통함과 격분됨이 많기 때문이니이다 하는지라 **17** 엘리가 대답하여 이르되 평안히 가라 이스라엘의 하나님이 네가 기도하여 구한 것을 허락하시기를 원하노라 하니 **18** 이르되 당신의 여종이 당신께 은혜 입기를 원하나이다 하고 가서 먹고 얼굴에 다시는 근심 빛이 없더라_**삼상 1:10-18**

한나는 자녀가 없어 성전에서 기도하였다. 엘리는 그런 한나를 술 취한 여인으로 착각하였다. 그러나 한나는 자녀를 갖기 위해 집중해서 기도하였다.

천사가 그에게 이르되 사가랴여 무서워하지 말라 너의 간구함이 들린지라 네 아내 엘리사벳이 네게 아들을 낳아 주리니 그 이름을 요한이라 하라_**눅 1:13**

사가랴와 아내 엘리사벳은 아이를 갖고 싶어 하였다. 어느 날 천사가 찾아와 자녀를 갖게 되리라고 말해 주었다.

과제

☑ 말씀암송

마태복음 5:44

나는 너희에게 이르노니

너희 원수를 사랑하며

너희를 박해하는 자를 위하여 기도하라

☑ 하루 30분씩 매일 기도해 주세요.

☑ 3명 이상에게 중보기도 제목을 받고, 기도해 주세요.

☑ 기도문을 적어 제출해 주세요.

[개인, 가정, 교회, 나라를 위한 기도]

☑ 메모

_____

_____

_____

_____

Upright prayer

chapter 6

세번째 바른 기도

1. 바른 기도를 통해 얻게 되는 유익은 무엇인가

> 삭개오가 서서 주께 여짜오되 주여 보시옵소서 내 소유의 절반을 가난한 자들
> 에게 주겠사오며 만일 누구의 것을 속여 빼앗은 일이 있으면 네 갑절이나 갚겠
> 나이다_눅 19:8

삶 속에 변화가 있다. 바른 기도를 드리면 순수하고 올바르며, 건전한 삶을 살고 예수 사랑, 이웃 사랑이 나타나게 된다. 기도를 통한 깨달음이 삶에 반영된다. 바른 기도는 기도를 할수록 삶에 변화가 보이게 한다.

바리새인, 제사장, 서기관들은 겉으로 보기에는 기도의 모범생들이었으나 그들의 삶은 독선과 교만, 아집과 정죄로 가득하였다. 하나님이 이들 앞에 왔으나 하나님을 알아보지 못하였으며, 오히려 하나님을 괴롭히고 핍박하였다. 기도가 삶으로 연결되지 않았다.

> 이로써 그 보배롭고 지극히 큰 약속을 우리에게 주사 이 약속으로 말미암아 너
> 희가 정욕 때문에 세상에서 썩어질 것을 피하여 신성한 성품에 참여하는 자가
> 되게 하려 하셨느니라_벧후 1:4

신성한 성품의 변화로 이어지게 한다.

> 나의 영혼아 잠잠히 하나님만 바라라 무릇 나의 소망이 그로부터 나오는도다_
> 시 62:5

삶이 분주하지 않고, 심플해진다.
기도를 통하여 세상일에 대해서 한 템포 늦출 수 있다.

2. 낙망하지 않고 기도하면 어떤 역사가 있는가

> 22 벳새다에 이르매 사람들이 맹인 한 사람을 데리고 예수께 나아와 손 대시기
> 를 구하거늘 23 예수께서 맹인의 손을 붙잡으시고 마을 밖으로 데리고 나가사

눈에 침을 뱉으시며 그에게 안수하시고 무엇이 보이느냐 물으시니 ²⁴ 쳐다보며
이르되 사람들이 보이나이다 나무 같은 것들이 걸어 가는 것을 보나이다 하거
늘 ²⁵ 이에 그 눈에 다시 안수하시매 그가 주목하여 보더니 나아서 모든 것을 밝
히 보는지라 ²⁶ 예수께서 그 사람을 집으로 보내시며 이르시되 마을에는 들어
가지 말라 하시니라_ **막 8:22-26**

벳새다에서 한 맹인이 예수님께 나아왔다. 예수님이 그의 눈에 침을
뱉으시며 안수하시자 나무 같은 것들이 걸어 가는 것을 보았다. 다시 안
수하시자 나아서 모든 것을 보게 되었다. 예수님이 안수 기도를 하시자
보지 못하던 사람이 보게 된 것이다.

이러므로 우리도 항상 너희를 위하여 기도함은 우리 하나님이 너희를 그 부르
심에 합당한 자로 여기시고 모든 선을 기뻐함과 믿음의 역사를 능력으로 이루
게 하시고_ **살후 1:11**

하나님의 역사를 경험한다.

모든 지킬 만한 것 중에 더욱 네 마음을 지키라 생명의 근원이 이에서 남이니
라_ **잠 4:23**

마음을 지킬 수 있다.

3. 바른 기도를 위해 누구의 도움을 받아야 하는가

이와 같이 성령도 우리의 연약함을 도우시나니 우리는 마땅히 기도할 바를 알
지 못하나 오직 성령이 말할 수 없는 탄식으로 우리를 위하여 친히 간구하시느
니라_ **롬 8:26**

성령 하나님의 도움을 받아야 한다. 성령님은 마땅히 기도할 바를 알
지 못하는 우리의 연약함을 도우시는 분이다. 그러므로 내가 기도하려
고 하기보다 먼저 나를 도우시는 성령을 찾아야 한다. 이것이 바른 기도

의 핵심이다. 그래서 성령이 내 입술을 사용하여 나를 주관하시도록 해야 한다.

기도는 성령의 도우심과 교통하심을 받아야 한다. 그래야 제대로 기도할 수 있다. 기도는 영적 차원의 일이다. 영적인 일을 하려고 할 때는 반드시 성령의 도우심이 있어야 한다.

성령님의 도우심이야말로 기도의 생명력이다. "성령님, 도와주세요!"라고 반복하라. 성령님께서 우리에게 오셔서 우리에게 하나님의 뜻을 가르쳐 주시고 그 뜻대로 기도하게 하시며 우리 대신 말할 수 없는 탄식으로 우리를 위하여 간구하신다.

하나님의 사랑은 그리스도의 십자가의 은혜로 나타났다. 그리고 이 하나님의 사랑과 그리스도의 은혜를 성령께서 우리에게 교통해주시고, 우리에게 전달해주신다. 성령의 교통하심이 없으면 그리스도의 은혜도, 하나님의 사랑도 우리는 알 수가 없고 받을 수가 없는 것이다. 그러므로 기도할 때 무엇보다도 먼저 성령님을 구하고 찾으라. 우리의 기도는 가장 먼저 성령의 도우심과 교통하심을 받아야 한다. 이것부터 기도하라.

4. 왜 성령님을 의지하여 기도해야 하는가

> 내가 아버지께 구하겠으니 그가 또 다른 보혜사를 너희에게 주사 영원토록 너희와 함께 있게 하리니_요 14:16

우리 안에서 우리와 함께 계시기에 그렇다.

> 내가 아버지께로부터 너희에게 보낼 보혜사 곧 아버지께로부터 나오시는 진리의 성령이 오실 때에 그가 나를 증언하실 것이요_요 15:26

우리 안에서 예수를 증언하시기에 그렇다. 설교를 통해서 그리스도의 은혜를 받는 것은 감정적, 지식적으로 받는 것이므로 여기에 성령님의 역사가 없이는 그 은혜가 우리의 영과 마음과 생명에 흐르지 못한다. 즉, 예수님의 십자가의 은혜를 받는 것은 오직 성령을 통해서만 가능하다. 성령은 예수를 증언하시는 분이기 때문이다.

그러므로 성령님을 늘 찾아야 한다. 제자들이 늘 예수님 곁에 있어야만 했던 것처럼, 오늘 우리는 늘 성령님을 찾아야 한다. 성령님을 떠나지 말아야 한다. 특히, 기도할 때 성령님의 임재하심과 도우심은 절대적이다.

> 곧 하나님 아버지의 미리 아심을 따라 성령이 거룩하게 하심으로 순종함과 예수 그리스도의 피 뿌림을 얻기 위하여 택하심을 받은 자들에게 편지하노니 은혜와 평강이 너희에게 더욱 많을지어다_**벧전 1:2**

우리 속에 있는 불순물을 없애기 위해서 그렇다. 성령 하나님을 내 안에 모신 크리스천에게 성령 충만은 위에서 떨어지는 것이 아니라 나의 안 깊은 곳에서 부드럽게 올라오는 것이다.

이를 위해서 내 안에 불순물이 없어야 한다. 그래야 성령의 역사가 아름답게 나타난다. 내 안에 불순물이 있으면 나에게서 나타나는 성령의 역사가 아름답지 못하게 된다. 성령의 역사가 나타나려면, 내 안이 성령이 역사할 수 있는 조건이 되어야 한다.

내 마음을 성령이 역사할 수 있는 상태로 준비해 드려야 한다. 심장의 건강을 위해 콜레스테롤을 낮추는 것처럼 나는 오직 그분이 역사할 수 있는 환경을 만들어 드리면 되는 것이다. 그러면 성령이 역사하신다. 미움을 자제하고, 성령님을 의지하고, 성령님의 도우심을 찾고 요청하고 간구하는 것이 바로 성령이 역사하실 수 있는 조건을 만들어 드리는 것이다. 이것이 기도이다. 이것은 오직 지속적인 훈련으로 이루어진다. 성령 충만을 위하여, 성령의 활발한 활동을 위하여 내 심령을 준비하게 한다.

5. 기도하기 전에 해야 할 준비는 무엇인가

1) 성령님의 감동, 감화를 받도록 간구하고 간청 해야 한다

'성령님과 함께 기도할 수 있게 해 주세요' 하고 성령으로 기도할 수 있도록 간구해야 한다.

> 사랑하는 자들아 너희는 너희의 지극히 거룩한 믿음 위에 자신을 세우며 성령으로 기도하며_유 1:20

기도는 성령으로, 성령 안에서, 성령의 도우심을 받아야 한다는 사실을 꼭 기억해야 한다.

2) 성령님의 임재와 교통, 충만이다

성령의 임재가 기도의 생명이고, 기도 생활의 생명이다. 내 이성이 기도하고, 내 감정이 주도하고, 분위기로 기도하면 성령님이 외면당하신다. 성령님의 임재는 너무나 중요하다.

Q 어떤 때 우리 영혼이 성령님의 임재를 대부분 느끼지 못하는가?

- 죄 로 인한 성령님과의 거리감 때문이다
- 믿음의 부족 때문이다
- 인식의 부족 때문이다
- 필요성에 대한 무지 때문이다
- 부정적 생각 때문이다

그러나 내가 느끼지 못해도 성령님은 지속적으로 역사하신다. 때로 나 자신이 둔해서 느끼지 못하지만 성령님은 우리 안에 계신다.

3) 기도자는 성령님을 의지해 기도하고, 기도 응답 을 기다릴 준비를 해야 한다

이것이 진정 참된 기도의 시작이라고 할 수 있다. 기도한 후 기대하고, 기다리는 것은 기도의 기본원칙이다. 이런 기도의 사람이 기적을 체험한다.

기도를 드리고 자신도 믿지 않고, 하나님의 역사를 기다리지 못하고 자신의 생각과 경험대로 움직이는 자는 결코 놀라운 기도 응답을 경험하지 못한다.

6. 기도 할 때 빠뜨리지 말아야 할 내용은 무엇인가

- 하나님 **나라** 이다
- **가정** . **교회** . 나라이다
- 시험과 유혹에서 벗어나기 위한 **자기 자신** 을 위한 기도이다

예수님을 닮아가야 한다.

ⓠ 요즘 하나님 나라, 가정, 교회, 조국 그리고 자신을 위해
   어떤 제목으로 기도하고 있는가?

7. 바르게 기도하는 마음의 자세는 무엇인가

1) 기도는 마음 을 비우는 것이다

기도는 부족한 무엇을 달라고 하는 것이 아니라, 내 안에 있는 좋지 않은 것을 비우는 것이다. 하나님의 은혜, 하나님의 생명, 하나님의 능력을 담을 '내면'이라는 그릇을 깨끗하게 하는 것이다. 세상의 근심, 욕심, 불안함, 시기, 질투, 염려, 야망 등 하나님이 보시기에 가증스러운 것들을 비워야 한다.

2) 겸손한 마음 자세이다

겸손과 기도는 분리할 수가 없다. 하나님은 겸손한 자를 사랑하시고 들어 쓰신다. 영적으로 깨어 있는 사람, 하나님과 교제하는 사람은 기능적인 능력만을 추구하지 않는다. 기능적인 것은 언제라도 바뀔 수 있다.

기도는 높은 자리에서 내려와 종의 자리에서 하는 것이며, 나의 중심에서 내려와 주님을 자신의 중심에 모시고 그 발 앞에서 겸손히 주님을 바라보는 것이다. 그분과 내가 일체가 되고, 더 깊이 그분을 섬기고 따르려고 하는 것이다. 이러한 마음의 자세가 가장 중요하다.

3) 기도하는 자의 가장 보편적인 체험은 평안 이다

기도 속에서 많건 적건 하나님이 주시는 평안을 체험해야 한다. 이러한 만남을 위하여 마음을 비워야 한다. 하나님을 만나려는 마음가짐이 중요하다. 아픔과 고통과 부족함을 가리려고 하지 말아야 한다. 그런 연약한 것도 드러내고, 내려놓고, 맡겨야 한다. 그럴 때 주님은 우리를 만나주시고, 좋은 것으로 채워주신다. 이것이 주님과의 교제를 통해 누리는 축복이다.

4) 기도는 비운 마음을 하나님 의 마음으로 채우는 것이다

기도는 우리 속에 채워진 좋지 않은 것을 비워버리고 주님이 주시는 좋은 마음을 품는 것이다. 우리 마음속에 예수 그리스도의 마음을 채우는 것이다.

> 너희 안에 이 마음을 품으라 곧 그리스도 예수의 마음이니_빌 2:5

5) 마음의 정욕을 내려놓는 것이다

> 구하여도 받지 못함은 정욕으로 쓰려고 잘못 구하기 때문이라_약 4:3

구하여도 받지 못하는 것은 정욕으로 쓰려고 잘못 구함이다.

8. 어떻게 기도해야 더 효율적인가

1) 선하시고 , 기뻐하시고, 온전하신 뜻을 간구해야 한다

> 너희는 이 세대를 본받지 말고 오직 마음을 새롭게 함으로 변화를 받아 하나님의 선하시고 기뻐하시고 온전하신 뜻이 무엇인지 분별하도록 하라_롬 12:2

2) 예수님처럼 습관을 따라 기도해야 한다

> 예수께서 나가사 습관을 따라 감람 산에 가시매 제자들도 따라갔더니_눅 22:39

3) 구하고 , 찾고, 두드려야 한다

> 내가 또 너희에게 이르노니 구하라 그러면 너희에게 주실 것이요 찾으라 그러면 찾아낼 것이요 문을 두드리라 그러면 너희에게 열릴 것이니_눅 11:9

4) 먼저 하나님의 나라와 그의 의를 구해야 한다

그런즉 너희는 먼저 그의 나라와 그의 의를 구하라 그리하면 이 모든 것을 너희에게 더하시리라_마 6:33

5) 오직 하나님의 영 으로 기도해야 한다

그가 내게 대답하여 이르되 여호와께서 스룹바벨에게 하신 말씀이 이러하니라 만군의 여호와께서 말씀하시되 이는 힘으로 되지 아니하며 능력으로 되지 아니하고 오직 나의 영으로 되느니라_슥 4:6

모든 기도와 간구를 하되 항상 성령 안에서 기도하고 이를 위하여 깨어 구하기를 항상 힘쓰며 여러 성도를 위하여 구하라_엡 6:18

항상 성령 안에서 기도해야 한다.

6) 주님 안에 거하고, 주님의 말씀이 우리 안에 거해야 한다

너희가 내 안에 거하고 내 말이 너희 안에 거하면 무엇이든지 원하는 대로 구하라 그리하면 이루리라_요 15:7

7) 아버지의 원 대로 되기를 소원해야 한다

이르시되 아버지여 만일 아버지의 뜻이거든 이 잔을 내게서 옮기시옵소서 그러나 내 원대로 마시옵고 아버지의 원대로 되기를 원하나이다 하시니_눅 22:42

9. 바른 도고 혹 중보기도란 무엇인가

모든 기도와 간구를 하되 항상 성령 안에서 기도하고 이를 위하여 깨어 구하기를 항상 힘쓰며 여러 성도를 위하여 구하라_엡 6:18

바울은 여러 성도를 위하여 기도하라고 하였다.

Q 예루살렘의 파수꾼으로 주야로 기도하면 어떤 역사가 일어나는가?

> 6 예루살렘이여 내가 너의 성벽 위에 파수꾼을 세우고 그들로 하여금 주야로 계속 잠잠하지 않게 하였느니라 너희 여호와로 기억하시게 하는 자들아 너희는 쉬지 말며 7 또 여호와께서 예루살렘을 세워 세상에서 찬송을 받게 하시기까지 그로 쉬지 못하시게 하라_사 62:6-7

예루살렘의 파수꾼이 쉬지 않고 기도하면 하나님께서 세상에서 찬송을 받게 되신다.

Q 요즘 기도해 주는 중보기도 대상자는 누구인가?

10. 청원기도 시 주의점은 무엇인가

> 5 또 이르시되 너희 중에 누가 벗이 있는데 밤중에 그에게 가서 말하기를 벗이여 떡 세 덩이를 내게 꾸어 달라 6 내 벗이 여행 중에 내게 왔으나 내가 먹일 것이 없노라 하면 7 그가 안에서 대답하여 이르되 나를 괴롭게 하지 말라 문이 이미 닫혔고 아이들이 나와 함께 침실에 누웠으니 일어나 네게 줄 수가 없노라 하겠느냐_눅 11:5-7

1) 정당한 것, 필수적인 것을 간구해야 한다
기도는 자기주장을 고수하거나 욕심을 부리는 것이 아니다.

2) 청원하는 대상인 한 영혼에 집중해야 한다
자신의 유익이 아니라 청원 대상자를 위한 중보가 되도록 해야 한다.

3) 항구적으로 간구해야 한다

이 말은 기대를 가지고 변함없이 오래 지속적으로 기도하라는 것이다. 들어주실 것이라는 믿음을 포기하지 않고 붙잡고 있으라는 것이다. 그러므로 항구적으로 간구하라는 말은 '자주, 끈질기게, 지속적으로' 믿음을 포기하지 않고, 간구하라는 것이다.

이런 믿음이 있으면 기도하는 대로 응답을 받을 수 있다.

Q 요즘 끊임없이 집중해서 기도하고 간구하는 제목은 무엇인가?

11. 중보기도는 어떻게 일하고, 하나님의 역사를 이룰 수 있는가

중보기도자와 함께할 때 강력하게 섬길 수 있다.

윌리엄 캐리(William Carey)가 42년간 인도 선교를 감당한 것은 42년간 병상에 누워서도 동생을 위해 기도한 캐리의 누님의 중보기도가 있었기 때문이다.

Q 하늘에서는 누가 우리를 위해 끊임없이 중보하고, 간구하시는가?

> 24 예수는 영원히 계시므로 그 제사장 직분도 갈리지 아니하느니라 25 그러므로 자기를 힘입어 하나님께 나아가는 자들을 온전히 구원하실 수 있으니 이는 그가 항상 살아 계셔서 그들을 위하여 간구하심이라_히 7:24-25

12. 요즘 중보하는 사람은 혹 중보해야 할 사람은 누구인가

1) 가족 혹 친척 중 더 중보해야 할 사람은 누구인가?

a.

b.

c.

2) 교회 공동체 중 더 중보해야 할 사람은 누구인가?

a.

b.

c.

3) 사회에서 만나는 사람 중 중보해야 할 사람은 누구인가?

a.

b.

c

과제

☑ **말씀암송**

에베소서 6:18

모든 기도와 간구를 하되 항상 성령 안에서 기도하고

이를 위하여 깨어 구하기를 항상 힘쓰며

여러 성도를 위하여 구하라

☑ **하루 30분씩 매일 기도해 주세요.**

☑ **3명 이상에게 중보기도 제목을 받고, 기도해 주세요.**

☑ **기도문을 적어 제출해 주세요.**

[개인, 가정, 교회, 나라를 위한 기도]

☑ **메모**

_____

_____

_____

_____

기도 양육 201 과제
체크리스트

	1주	2주	3주	4주	5주	6주
❶ 출석 체크						
❷ 하루기도 30분 이상						
❸ 암송구절 암기하기						
❹ 3명 이상 중보기도 제목 받기						
❺ 기도문 적어오기 (개인, 가정, 교회, 나라)						

❶ 매주 출석은 ○, 지각은 △, 결석은 × 표시해 주세요.
❷ 하루 30분씩 매일 기도했다면 ○, 어느 정도 했다면 △, 못했다면 × 표시해 주세요.
❸ 암송구절을 암송했다면 ○, 못했다면 × 표시해 주세요.
❹ 3명 이상에게 중보기도 제목을 받고 기도했다면 ○, 못했다면 × 표시해 주세요.
❺ 매주 1번 기도문을 적고 제출했다면 ○, 적지 못해 제출하지 못했다면 × 표시해 주세요.

기도 양육 301
영적 전쟁과 기도를 출간하며

『기도 양육 101』에서는 기도의 기본이 되는 내용들을 살펴 보았다.
『기도 양육 201』에서는 바른 기도와 바르지 않은 기도에 대해 숙고해 보았다.
이번 『기도 양육 301』에서는 '영적 전쟁과 기도'에 대해 같이 고민해 보려고 한다.

사실 기도는 하나님과의 관계이다. 그리고 기도는 간구해야 할 내용을 때때로 하나님께
드리는 것이다. 이런 기도와 기도자의 삶을 위해 여러 배울 점들이 있다. 그러나 실제적
으로 왜 성도가 기도의 삶을 살아야 할지 알아야 한다. 이런 이유는 바로 우리가 여전히
이 땅에서 살고 있고, 악한 사탄이 우리를 공격하고 있기 때문이다.

어떤 병을 치료받을 때 가장 우선 중요한 것은 환자가 걸린 병이 무엇인지 아는 것이다.
그러면서 그 병을 어떻게 대처할지 알고, 적극적으로 노력하며, 싸우는 것이다. 영적으
로도 마찬가지이다. 우리는 아무런 공격이 없고, 어떤 유혹과 시험의 바이러스도 없는
진공 상태에서 살지 않는다.

그렇기에 챕터1에서는 '사탄의 정체성'에 대해 알아볼 것이다. 그 공격자의 실체를 알
고, 대처하고, 싸워야 한다. 그리고 챕터 2에서는 '영적 대적의 방법'은 무엇이 있는지를
살펴볼 것이다. 챕터3에서는 '사탄의 전술 VS 성도의 대처'에 관한 방법을 숙고할 것이
다. 챕터4에서는 '영적 전쟁과 영적 성숙'에 관해 좀 더 중점을 두고, 고민할 것이다.

챕터5에서는 '영적 전쟁에서 승리하는 비결'을 나누고, 단순한 종교 생활을 넘어 온전한
신앙 생활을 하도록 나눌 것이다. 마지막 챕터6에서는 '영적전쟁과 금식기도'에 대해 살
펴볼 것이다. 특히, 기도할 때 건강한 금식 기도와 금식 기도를 왜 그리고 어떻게 해야
할지 고찰할 것이다.

수많은 사람들이 기도가 중요한 것은 안다. 그러나 기도자의 삶은 살지 않는다. 그렇
기에 영적 전쟁에서 매일 무너진다. 이 기도 양육 책을 통해 살아 있다는 이름만 가진
신앙인이 아니라 기도를 통해 하나님의 임재와 역사를 경험하는 여러분과 제가 되기
를 소망한다.

2021년 4월

김 영 한(Next 세대 Ministry 대표 / 품는교회 담임)

목차

Contents

chapter 1

Spiritual Warfare and Prayer

사탄의 정체성

사람이 타락하고 넘어지는 것이 다 사탄 때문이라고 말 할 수 없다. 위로 하나님과의 관계가 깨지고, 옆으로 사람과의 소통이 깨지고, 아래로 물질과 자연과의 질서가 깨지는 것을 다 사탄이 만드는 것은 아니다. 타락한 인간의 본성 때문에 그럴 수도 있는 것이다. 그러나 사탄이 영적으로 전혀 공격을 하지 않는 것은 아니다.

1. 타락한 천사의 기원은 어떻게 되는가

> **7** 하늘에 전쟁이 있으니 미가엘과 그의 사자들이 용과 더불어 싸울새 용과 그의 사자들도 싸우나 **8** 이기지 못하여 다시 하늘에서 그들이 있을 곳을 얻지 못한지라 **9** 큰 용이 내쫓기니 옛 뱀 곧 마귀라고도 하고 사탄이라고도 하며 온 천하를 꾀는 자라 그가 땅으로 내쫓기니 그의 사자들도 그와 함께 내쫓기니라_**계 12:7-9**

타락한 천사는 옛 뱀, 큰 용으로 불린다. 옛 뱀은 곧 마귀라고 불리는 사탄이다. 그는 온 천하를 돌아다니며 사람들을 미혹한다. 이 땅에 내쫓긴 타락한 천사장과 그의 수하의 사자들은 오늘도 활발히 활동한다.

타락한 천사는 자기 지위를 지키지 않고 하나님의 영광을 가로채려고 했다. 그는 지금도 자신이 영광을 받으려 한다. 사람들이 자신을 섬기게 하려고 그들이 원하는 것을 주겠다고 하면서 하나님께 영광을 돌리지 못하게 한다.

타락한 천사는 사탄이다. 그런데 우리가 가정이나 교회에서 이 타락한 천사의 졸개와 같은 역할을 할 수 있다. 천상의 천사도 타락했는데, 이 지상에서 성도가 타락하지 않으리라는 법이 없다. 우리는 하나님의 영광을 가리는 자가 되지 않도록 깨어 있어야 한다. 넓게 보면 나 자신도 타락한 천사로 이 땅에서 살 수 있음을 잊지 말고 깨어 있어야 한다!

1) 사탄처럼 자신의 자리, 위치, 지위를 지키지 아니하는 것이 왜 문제인가?

> 또 자기 지위를 지키지 아니하고 자기 처소를 떠난 천사들을 큰 날의 심판까지
> 영원한 결박으로 흑암에 가두셨으며_ 유 1:6

나의 지위는 하나님께 모든 것을 올려 드려야 하는 위치다. 내가 무언가를 취하려고 하면 사탄의 추종자가 되는 것이다.

수많은 사람이 분주하게 산다. 열심히 사는 것은 좋다. 그러나 하나님이 우리에게 원하시지 않는 자기 영광을 위해 분주하게 사는 것은 옳지 않다. 내게 요구하시는 소명이 무엇인지 알고 살아야 한다. 우리 가정에 원하시는 뜻이 무엇인지 명확히 숙지해야 한다.

자기 처소를 떠난 천사처럼 우리는 때로 우리가 있어야 할 곳을 떠난다. 예배할 때 다른 곳에 가 있다. 공부해야 할 자녀가 공부할 장소를 떠난다. 유혹에 빠져서 내가 있지 말아야 할 곳에 있다. 내 나라와 왕국을 세우려고 하고 무엇인가 되려고 한다.

2) 다윗은 언제 영적으로 범죄하고, 깨어 있지 못하였는가?

> 저녁 때에 다윗이 그의 침상에서 일어나 왕궁 옥상에서 거닐다가 그곳에서 보
> 니 한 여인이 목욕을 하는데 심히 아름다워 보이는지라_ 삼하 11:2

자기 자리에 있다 할지라도 게으름, 죄악, 중독에 빠져서는 안 된다. 세상적인 재물, 쾌락, 게으름에 빠져 사는 것은 잘못된 자리에 빠져 내 뜻대로 즐기려 하는 것이다. 자신의 명예와 권력을 원함은 바로 내가 무엇인가 주도함으로 하나님의 자리를 차지하려는 마음이 있는 것이다.

사탄은 자신을 섬기라고 한다. 아담과 하와에게도 하나님과 같이 될 수 있다고 했다. 천상의 세계를 포기한 예수님에게조차 이 세상과 온 천하를 주겠다며 유혹했다. 지금도 사탄은 열심히 살면 성공과 부귀영화를

줄 테니 우리의 자리를 떠나라고 유혹한다.

사탄은 우리가 우리에게 주어진 자리, 지위, 위치에서 벗어나 방황하기를 원한다.

2. 타락한 천사는 어떤 정체성을 가지고 있는가

> 너희는 너희 아비 마귀에게서 났으니 너희 아비의 욕심을 너희도 행하고자 하느니라 저는 처음부터 살인한 자요 진리가 그 속에 없으므로 진리에 서지 못하고 거짓을 말할 때마다 제 것으로 말하나니 이는 저가 거짓말쟁이요 거짓의 아비가 되었음이니라_요 8:44

왜 인류 역사가 더 악해질까? 왜 인간의 문화는 죄로 물들어 가는가? 왜 우리 주위에 싸움과 욕심이 끊이지 않을까? 왜 교회 안에도 문제가 있는가?

이런 타락의 역사 뒤에는 누가 있는 것인가? 하나님이 이런 역사와 인간의 죄를 조장하시는 것인가? 아니다. 이를 조장하는 것은 바로 타락한 천사이다. 마귀이다. 거짓의 아비인 사탄이다.

3. 사탄이 싫어하는 메시지는 무엇인가

1) 회개 를 싫어한다

> 회개하라 천국이 가까이 왔느니라 하였으니_마 3:2

2) 자신의 죄를 자백하는 것을 싫어한다

만일 우리가 우리 죄를 자백하면 그는 미쁘시고 의로우사 우리 죄를 사하시며 우리를 모든 불의에서 깨끗하게 하실 것이요_**요일 1:9**

3) 자신을 정결하게 하는 것을 싫어한다

자기 두루마기를 빠는 자들은 복이 있으니 이는 그들이 생명나무에 나아가며 문들을 통하여 성에 들어갈 권세를 받으려 함이로다_**계 22:14**

사탄은 우리가 죄를 지을 때 회개하지 않아도 된다고 속삭인다. 사탄은 우리가 어쩔 수 없는 죄인이라고 하면서 하나님 앞에 나와서는 안 되는 존재라고 속삭이기도 한다. 이런 속임에 넘어져서는 안 된다.

4) 회개를 전파하는 것을 싫어한다

제자들이 나가서 회개하라 전파하고_**막 6:12**

죄에 대해 무감각해지도록 한다.

5) 여호와를 의지하는 것을 싫어한다

사람을 두려워하면 올무에 걸리게 되거니와 여호와를 의지하는 자는 안전하리라_**잠 29:25**

이제 내가 사람들에게 좋게 하랴 하나님께 좋게 하랴 사람들에게 기쁨을 구하랴 내가 지금까지 사람들의 기쁨을 구하였다면 그리스도의 종이 아니니라_**갈 1:10**

사람의 눈치를 보는 것은 마귀에게 속고 있는 것이다.

4. 사탄의 정체성이 파괴자인 반면에 우리는 어떤 존재로 창조를 받았는가

이 백성은 내가 나를 위하여 지었나니 나를 찬송하게 하려 함이니라_ **사 43:21**

• 우리는 예배하는 자로 창조되었다.

• 우리는 기도하는 자로 창조되었다.

• 우리는 찬양하는 자로 창조되었다.

1) 나 자신은 요즘 하나님께 어떻게 예배하고 있는가? 부족한 부분은 무엇인가?

하나님을 예배할 때 우리는 온전히 주님의 뜻대로 살 수 있다. 그 하나님께서 천지를 창조하셨다. 그리고 그 세계를 누구에게 주셨는가? 바로 우리에게 주셨다. 그런데 주님은 그 천지를 주시면서 우리에게 말씀하셨다.

2) 하나님이 우리에게 주신 문화명령의 내용은 무엇인가?

생육하고 번성하여 땅에 충만하라, 땅을 정복하라…모든 생물을 다스리라_ **창 1:28**

충만하고, 정복하고, 다스리라고 하셨다. 그런데 우리는 충만하고 정복하여 내 것으로 삼지만 정작 다스리지는 못한다. 종이 되어 산다.

주님의 뜻은 우리의 삶이 누군가에 의해 다스려지는 것이 아니다! 그런데 왜 다스려지는가? 자신의 왕국을 세우려고 하다 보면 그렇게 된다.

5. 사탄의 무기는 무엇인가

1) 사탄은 우리로 두려움과 염려 속에 살게 한다
아무것도 놓치지 않도록 한다.

2) 세상의 것을 꽉 붙잡도록 한다

3) 자신을 부인 하지 못하게 한다
그러나 주님은 우리가 세상의 것을 붙잡는 것이 아니라 자신을 부인하고 십자가를 붙잡고 주님을 따르도록 하신다.

> 누구든지 나를 따라오려거든 자기를 부인하고 자기 십자가를 지고 나를 따를 것이니라_ 마 16:24

예수님은 이 세상이나 이 세상에 있는 것을 사랑하지 말라고 하셨다.

6. 사탄은 성도를 어떻게 유혹하는가

팀 켈러(Tim Keller)는 『거짓 신들의 세상』을 저술하였다. 이 책에서 그는 거짓 신들을 분별하라고 이야기하면서 인생과 사회에 엉킨 실타래를 풀어주시는 참된 하나님을 발견하도록 도전을 주었다.

팀 켈러는 포스트모던시대 사람들의 마음속에 갈망과 불만과 충동과 좌절과 꿈과 소망을 유발하는 거짓 신들이 들어있음을 지적하고 돈, 성, 권력, 명예, 인기, 승리, 성공, 행복, 가족, 안정, 영향력, 만족, 자아실현, 이념, 철학, 종교 등 사람의 마음과 사회 속에서 신적인 위엄을 차지하고 있는 것들을 거짓 신이라고 말하였다.

복음만이 우리를 유혹하는 탐욕의 문화와 저주로부터 자유롭게 할 수 있음을 강조하였다.

Ⓠ 팀 켈러가 언급한 것 중 무엇이 믿는 자를 속이고
   넘어지게 할 수 있는가?

7. 사탄은 어떻게 일하는가

1) 군대(떼) 로 다닌다

> 예수께서 네 이름이 무엇이냐 물으신즉 이르되 군대라 하니 이는 많은 귀신이
> 들렸음이라_ 눅 8:30

홀로 일하지 않는다. 사탄의 졸개들과 함께 일한다. 사탄은 삼위일체 하나님께서 함께 일하시듯 사탄, 귀신, 그 추종하는 세력들과 같이 삼위를 이루고 함께 일한다.

2) 일곱 귀신을 데리고 와서 더욱 안 좋게 만든다

> 이에 가서 저보다 더 악한 귀신 일곱을 데리고 들어가서 거하니 그 사람의 나중
> 형편이 전보다 더욱 심하게 되느니라 이 악한 세대가 또한 이렇게 되리라_ 마
> 12:45

무리의 힘은 참으로 놀랍다. 세상의 조폭도 한 사람 한 사람은 착한 구석이 있다. 인간적인 면이 있다. 그러나 조직으로 뭉치면 무섭다. 자비가 없어지고 그 파괴력은 대단하다.

타락한 사람은 같이 타락한 사람과 지내므로 더 타락한다. 타락이 무엇인지 모른다. 현재 공무원 비리가 계속 들춰지고 있다. 그 사람들이 비

자금과 뇌물이 잘못임을 정말 몰랐을까? 그렇지 않다. 주위에 그런 관행과 만행이 넘쳐 났기 때문에 죄로 여기지 않는 것이다.

8. 사탄이 싫어하는 사역은 무엇인가

사탄은 성도가 본질적인 사역에 집중하는 것을 싫어한다. 어떤 사역을 싫어하는가?

1) 예배 사역

우리로 예배가 아닌 다른 것(중독)에 빠지게 한다. 우리로 문제에 빠지게 하고, 분주하게 한다. 성도가 서로 미워하고 증오하게 한다. 예배 자체에 오기를 힘들게 한다.

2) 전도와 선교 사역

바로 주님의 복음을 전하는 사역이다. 사탄에게 가장 귀한 사역은 영혼이 자신의 손아귀에 있는 것이다. 그렇기에 가장 싫어하는 사역은 바로 영혼을 구원하는 것이다. 전도와 선교의 일을 하지 못하게 방해한다. 사탄은 성도가 먹고 마시는 것에 관심을 두게 한다.

3) 십자가 짐

사탄은 지금 내게 유익이 되는 일에 우리 자신을 던지게 한다. 그러나 지금 당장 십자가를 지는 일에는 주저하게 한다.

예수님께서도 십자가를 지시기 전 가능하다면 이 잔을 자신에게서 멀어지게 해 달라고 간구하셨다. 우리의 십자가를 지는 것은 쉬운 일은 아니다.

4) 다음 세대 를 세우는 일

현재 위치와 상황에 눈을 돌리게 한다. 미래를, 다음 세대를 보지 못하도록 눈을 가린다.

9. 예수님은 공생애를 시작하기 전 누구에게 어떤 시험을 받으셨는가

> 1 그때에 예수께서 성령에게 이끌리어 마귀에게 시험을 받으러 광야로 가사 …
> 11 이에 마귀는 예수를 떠나고 천사들이 나아와서 수종드니라_마 4:1, 11

예수님은 우연히 사탄에게 시험받지 않으셨다. 40일 동안 금식한 뒤에 찾아온 것은 어떤 기적과 상이 아니었다. 사탄이 은혜 뒤에, 훈련 뒤에 바로 다가왔다.

1) 능력 증명 시험

사탄은 예수님이 먹는 것을 위해 능력을 발휘하도록 시험하였다.

우리가 배우자에게, 자녀에게 원하는 것이 무엇인가? 더 나은 사업과 일 그리고 미래를 원한다. 그러나 그 이유가 하나님의 영광과 관련되어 있는가, 아니면 이 세상에서 더 잘 먹고 잘살기 위해서인가?

2) 존재 증명 시험

사람은 보다 나은 직함과 자리에 앉고 싶어 한다. 그런 경향이 인간의 성향일 것이다. 그런데 이런 명예와 인정을 받기 원하는 삶은 죄성에서 기인한다.

명예를 원하는 것은 사탄이 우리에게 주는 유혹이다. 하나님은 우리의 학력과 재물의 많음을 바라는 것이 아니라 하나님을 붙들기를 원하신다.

3) 소유 증명 시험

내 사업을 주님께 맡기고 주님을 따를 수 있는가? 제자가 되기 위해서는 내 것이 내 것이 아니어야 한다. 주님께 올려 드려야 한다.

내 자녀를 주님께서 주셨음을 인정하고 온전히 드릴 수 있는가?

Q 나의 건강을 주님께서 주심을 알고 감사하며
내 육신을 주님이 원하시는 곳에 드릴 수 있는가?
주님께 드리기 힘든 사람 혹 영역은 무엇인가?

오늘날 많은 사람들이 이익이 없으면 관계하지 않는다. 이익이 되지 않으면 희생하지 않는다. 하지만 천국의 법칙은 이익이 되지 않기에 투자하는 것이다. 이익될 것이 없기에 긍휼을 베푸는 것이다. 예수님은 이 땅에서 무엇을 얻으려 함이 아니라 무엇을 주기 위해 오셨다. 하나님은 우리가 죄 중에 방황할 때 아무 기대할 것이 없는 우리를 위해 독생자를 희생하셨다.

사탄은 자신에게 절하면 우리가 원하는 이 세상을 준다고 한다. 그러나 이런 시험에서 우리는 승리해야 한다.

세례 요한은 여인이 낳은 자 중 가장 위대한 사람이었다. 어떻게 그럴 수 있을까? 그는 당시 중심 도시인 예루살렘에 머물며 사역하지 않았다. 사람들이 관심 두지 않는 광야에 갔다. 그곳에서 선지자로 광야에서 외치는 자의 소리가 되었다. 모든 것을 포기하고 주님을 위해 외치는 자의 소리가 되었다.

소리는 잠시 있다가 사라지고 만다. 아무리 아름다운 소리도 외쳐진 뒤에는 사라지게 된다. 소리는 귀한 것이지만 결국 사라진다. 우리가 말씀을 듣고 또 듣는 것은 들려진 말씀은 우리에게 은혜로 오지만 잠시 뒤 사라지기 때문이다. 역시 말씀도 소리라 사라지고 만다. 그래서 우리는 말씀을 지속적으로 전하고 들어야 한다. 바로 사라지는 말씀을 생명같이 귀하게 전하는 것이 바로 사역이다. 그냥 쉽게 한 번 전한 메시지가 계속 그 성도 곁에 있고 맴돈다면 말씀 사역이 고된 사역이 아닐 것이다.

세례 요한은 어떤 명예나 소유도 쫓지 않았다. 오늘날 교회와 믿는 자들은 얼마나 소유하려고 하고, 명예를 좇으려 하는가? 안타까운 일이다. 기도하지 않는 교회, 기도하지 않는 성도는 바로 소유욕의 노예가 된다. 소리가 되지 않고 남겨지길 원한다.

10. 사탄은 하나님이 어떤 분이라고 말하는가

> 네가 하나님은 한 분이신 줄을 믿느냐 잘하는도다 귀신들도 믿고 떠느니라_ **약 2:19**

사탄도 하나님이 한 분이신 줄 믿는다.

11. 사탄 원수가 하는 일은 무엇인가

- 고결한 믿음을 **광신** 으로 바꾼다.
- 아름다운 사랑을 강한 소유욕으로, 증오로 바꾼다.
- 이 땅에 풍성한 먹을 것을 욕심으로 쟁취하게 한다.
- 하나님에 대한 생각을 왜곡되게 한다.
- 서로에 대한 **적대감** 과 오해를 일으킨다.

마귀는 원래 있던 창조의 세계를 가만히 두지 않는다. 사탄은 자기의 자리보다 높은 곳을 취하려다가 천상에서 쫓겨났다. 이 땅에 온 사탄은 이제 이 세상을 자기 마음대로 하려고 한다. 사탄은 기존의 하나님의 뜻대로, 하나님의 형상대로 지음 받은 우리를 바꾸려고 한다.

12. 사탄은 죄의 영향력으로 어떻게 우리를 넘어트리려고 하는가

> 선을 행하지 아니하면 죄가 문에 엎드려 있느니라 죄가 너를 원하나 너는 죄를 다스릴지니라_창 4:7

사탄은 우리를 결박하려 한다. 우리의 무기는 기도인 반면 사탄의 무기는 죄이다. 우리가 의식과 무의식에서 기도하며 선을 행하지 않을 때 죄는 우리를 덮는다. 죄가 우리를 삼키고 우리는 다스려짐을 당한다.

왜 내 속에 선이 없는가? 왜 거짓과 속임과 시기와 질투가 잔존하는가? 의도적으로, 의식적으로 기도하지 않고 선을 행하지 않기 때문이다. 성도는 의지적 결단이 있어야 한다. 그래서 바울은 매일 죽노라 고백했고 자신을 쳐 복종시켰다.

우리가 하나님께 나아가지 않을 때 죄는 우리를 붙들고 삼키려고 한다. 죄가 우리를 삼키지 못하게 하려면 어떻게 해야 하는가? 말씀과 기도와 찬양을 붙들어야 한다. 원론적인 이야기인 것 같지만 이 말씀과 기도와 찬양보다 더 힘 있고 강력한 영적 무기는 없다.

13. 사탄은 어떻게 아름다운 세상을 파괴하려고 하는가

14. 사탄의 정체성을 알았다면, 우리가 넘어지지 않도록 우리 자신을 어떻게 세워야 하는가

과제

☑️ **말씀암송**

야고보서 2:19

네가 하나님은 한 분이신 줄을 믿느냐

잘하는도다 귀신들도 믿고 떠느니라

☑️ **하루 30분씩 매일 기도해 주세요.**

☑️ **3명 이상에게 중보기도 제목을 받고, 기도해 주세요.**

☑️ **기도문을 적어 제출해 주세요.**

[개인, 가정, 교회, 나라를 위한 기도]

☑️ **메모**

_____

_____

_____

Spiritual Warfare and Prayer

chapter 2

영적 대적의 방법

1. 원수를 대적하는 방법은 무엇인가

1) 영적인 씨름 을 하라

> 우리의 씨름은 혈과 육을 상대하는 것이 아니요 통치자들과 권세들과 이 어둠의 세상 주관자들과 하늘에 있는 악의 영들을 상대함이라_엡 6:12

담대히 싸우라! 우리는 평화를 원한다. 대부분 크리스천은 싸움을 싫어하고 꺼려한다. 그러나 영적인 싸움을 멈추어서는 안 된다. 우리의 싸울 대상이 누구인지 분명히 알고 대적해야 한다. 마귀는 하나님을 대적하고 지금도 주님께 대항하고 있다. 마귀는 적극적으로 목표를 가지고 한 방향으로 나아간다.

당신은 어떤 목표를 가지고 있는가? 어떤 방향으로 나아가고 있는가? 강을 건너려고 해도 방향과 그 강을 건너는 목적이 있다. 인생을 살면서 목표와 방향이 없어서는 안 된다. 당신의 인생의 목적과 목표는 무엇인가?

그 목표를 사탄이 어떻게 방해하는가? 아니 당신의 삶의 목적과 방향은 사탄이 방해할 만한가?

2) 사탄이 물러가도록 선포하라

> 예수께서 말씀하시되 사탄아 물러가라 기록되었으되 주 너의 하나님께 경배하고 다만 그를 섬기라 하였느니라_마 4:10

사탄이 물러가도록 선포하고, 대적해야 한다.

사탄이 예수님을 시험할 때 예수님은 어떻게 대처하셨는가? 말씀으로 대적하셨다. 타이르지도 길게 논쟁하지도 않으셨다.

3) 대적 하라

> ⁸ 근신하라 깨어라 너희 대적 마귀가 우는 사자 같이 두루 다니며 삼킬 자를 찾
> 나니 ⁹ 너희는 믿음을 굳건하게 하여 그를 대적하라_**벧전 5:8-9**

베드로는 우리에게 어떻게 권면하고 있는가? 베드로는 마귀를 "대적
마귀"라고 정의한다. 그 대적 마귀를 대적하라고 권면한다. 마귀에게 잡
힌 연약한 사람은 사랑하되 그 사람을 조종하는 마귀는 대적하여야 한다.

사탄은 성도의 삶의 목적과 목표를 철저히 무너트리려고 한다. 하나
님을 향한 마음과 열정을 멈추게 하려고 한다. 그리고 그 순례의 길을 막
으려고 사탄은 싸움을 건다. 배우자를 이용해, 자녀를 이용해, 사업과 일
을 통해, 시부모님과 친정 부모님을 통해, 친척을 통해, 우리를 넘어트리
려고 한다. 내가 사랑하는 것을 통해 좌절과 낙망을 안겨주며 우리로 주
저앉게 한다.

4) 꾸짖으라

> ²⁵ 예수께서 무리가 달려와 모이는 것을 보시고 그 더러운 귀신을 꾸짖어 이르
> 시되 말 못하고 못 듣는 귀신아 내가 네게 명하노니 그 아이에게서 나오고 다시
> 들어가지 말라 하시매 ²⁶ 귀신이 소리 지르며 아이로 심히 경련을 일으키게 하
> 고 나가니 그 아이가 죽은 것 같이 되어 많은 사람이 말하기를 죽었다 하나 ²⁷
> 예수께서 그 손을 잡아 일으키시니 이에 일어서니라_**막 9:25-27**

귀신을 꾸짖고, 사람에게 들어가지 못하도록 기도해야 한다.

5) 전신 갑주 를 입으라

> ¹¹ 마귀의 간계를 능히 대적하기 위하여 하나님의 전신 갑주를 입으라 ¹² 우리
> 의 씨름은 혈과 육을 상대하는 것이 아니요 통치자들과 권세와 이 어둠의 세
> 상 주관자들과 하늘에 있는 악의 영들을 상대함이라_**엡 6:11-12**

우리는 영적 전쟁터에서 산다. 눈에 보이지 않지만 세균을 없애려고 손을 씻고 청결하려고 소독을 한다. 이와 같이 영적으로 사탄의 공격의 심각성을 안다면 우리는 전신 갑주를 입어야 한다.

2. 성경은 영적으로 대적하고, 무너지지 않도록 무엇을 권면하고 있는가

1) 근신 하라

> 7 너희 염려를 다 주께 맡기라 이는 그가 너희를 돌보심이라 8 근신하라 깨어라 너희 대적 마귀가 우는 사자 같이 두루 다니며 삼킬 자를 찾나니_벧전 5:7-8

베드로는 우리로 근신하라고 한다. 근신이란 무엇인가? 말과 행동을 삼가는 것이다. 우리는 말과 부주의한 행동으로 얼마나 많은 죄를 짓는 가?

우리는 깨어 있어야 한다. 깨어 있지 않으면 우리가 어떻게 사탄에게 이용당하고 공격당하는지 알지 못한 채 살아간다.

2) 욕심에 빠져 죽지 않도록 하라

> 아나니아야 어찌하여 사탄이 네 마음에 가득하여 네가 성령을 속이고 땅값 얼마를 감추었느냐_행 5:3

초대 교회 때 아나니아와 삽비라는 신앙이 있는 부부였다. 그런데 그 부부는 땅을 판 값을 속이고 헌금했다. 자신의 땅을 자신이 팔고 떳떳하게 헌금하면 되었을 것을 거짓으로 속인 채 헌금했다. 그것을 성경은 이렇게 기록한다.

아나니아가 그냥 속인 것이 아니다. 사탄이 마음에 가득하여 사도에게 거짓을 말하고, 또 성령을 속인 것이다. 근신하고 깨어 있어야 할 이유가 바로 여기에 있다.

단순히 작은 거짓, 작은 실수라고 여길 수 있다. 그러나 그런 악을 시초로 사탄이 내 속에 깊이 들어오게 되고, 더 큰 악과 거짓이 나오게 된다.

> 선한 사람은 마음의 쌓은 선에서 선을 내고 악한 자는 그 쌓은 악에서 악을 내
> 나니 이는 마음의 가득한 것을 입으로 말함이니라_ 눅 6:45

선한 말은 내 속에 선함이 넘쳐 날 때 자연스럽게 나온다. 악한 생각과 행동은 악이 내 속에 차고 넘칠 때 나온다. 내 자신이 연약해서 그럴 수 있다.

3) 모든 염려 를 주님께 맡기라

> 7 너희 염려를 다 주께 맡기라 이는 그가 너희를 돌보심이라 8 근신하라 깨어라
> 너희 대적 마귀가 우는 사자 같이 두루 다니며 삼킬 자를 찾나니_ 벧전 5:7-8

베드로는 우리에게 두 가지 권면을 한다. 첫째, 모든 염려를 하나님께 맡기라고 한다. 두 번째, 근신하고 깨어 기도하라고 한다.

기도로 우리의 염려를 주님께 올려 드리는 것이 사탄의 침공을 막는 것이다. 사탄이 우리를 공격하고 넘어지게 할 빌미를 차단하는 것이다.

이상하게도 우리는 우리의 근심과 염려를 주님께 아뢰지 않는다. 그 문제를 가지고 묵상하며 낙망 속에서 산다. 땅을 보는 것이 너무나 익숙해서 하늘을 바라보지 않는다.

3. 사람은 대적은커녕 무엇으로 사탄의 유혹에 빠져 패망하였는가

1) 돈을 주기로 약속하니 유다가 넘어졌다

> 그들이 듣고 기뻐하여 돈을 주기로 약속하니 유다가 예수를 어떻게 넘겨줄까 하고 그 기회를 찾더라_막 14:11

유다의 마음속에 사탄이 들어갔다.

> (가룟 유다) 조각을 받은 후 곧 사탄이 그 속에 들어간지라 이에 예수께서 유다에게 이르시되 네가 하는 일을 속히 하라 하시니_요 13:27

우리가 어떤 존재가 되느냐는 마음속에 누가 있는가에 따라 좌우된다. 예수님의 제자 유다가 돈을 사랑하고 그 돈을 얻고자 예수님을 팔게 된 것은 마귀가 그 속에 있었기 때문이다. 사탄은 에덴동산에서는 뱀으로 인간과 대화를 했다. 그러나 초대 교회 때는 제자의 마음속까지 들어가 자신의 주님을 배반하게 했다.

마음속에 주님으로 가득 차야 한다. 그렇지 않으면 사탄이 장악한다. 어떻게 사탄이 우리 마음속까지 들어올 수 있는가? 바로 욕심을 따라 마음에 들어온다.

2) 그 마음속에 욕심 이 있었다

> 욕심이 잉태한즉 죄를 낳고 죄가 장성한즉 사망을 낳느니라_약 1:15

욕심은 단순한 것이 아니다. 자기를 부인하지 않는 데서 시작해 죄가 마음속에 들어오게 한다. 그리고 마지막에는 사망으로 치닫게 한다.

욕심은 내 것을 삼으려고 하는 것이다. 욕심은 지나친 소유욕에서 오는데 이 소유욕은 바로 하나님을 신뢰하지 못함에서 온다. 하나님으로 만족하지 않고 하나님의 섭리와 도우심보다 물질에 삶의 근거를 두는 것이다.

이 욕심이 나 자신을 비참하게 만든다. 가정을 깨트리고 사회를 비정상적으로 만든다. 집값은 떨어지는데 전셋 값은 오른다. 요즘은 전세보다 월세로 받기를 선호한다. 왜 이런 현상이 나타나는가? 더 소유하려고, 손해 보지 않으려 하기 때문이다.

코란(Koran)의 가르침은?

고리대금업은 유대인들에 대한 경고뿐만 아니라 무슬림 내에서도 마찬가지로 금기시되고 있다. "이자를 받아먹는 자들은 사탄의 일격을 받고 넘어진 자처럼…(코란 2:275)." 오늘날의 경제 개념으로서는 이자가 당연시되고 있지만 이슬람 초기의 상업적 전통에서는 이자를 받는 행위를 죄악시했던 것으로 볼 수 있다.

이슬람 종교도 형제에게 고리대금격의 이자를 받지 말라고 한다. 하나님의 영광을 위해 살기 원하는가? 그렇다면 전셋 값을 내리라! 월세를 내리라! 주님께 은혜받은 자라면 더 낮추고 손해 보아야한다. 그러면 하나님의 이름이 드러난다.

한 목사님은 성도들로 하여금 법정에 나가지 말라고 한다. 나가도 지라고 한다. 왜? 이기면 그 사람은 못 얻는다. 복음이 들어가지 못한다. 내가 손해를 보더라도 주님의 이름이 드러나도록 해야 한다.

누가 이런 욕심을 내려놓을 수 있는가? 기도와 금식 외에는 힘들다. 기도와 금식은 나 자신을 세우는 강력한 무기이다. 내 가정을 다시 세울 수 있다. 내 교회를 다시 세울 수 있다. 이 나라를 세울 수 있다.

현대 교회는 더 소유하지 못해 안달이다. 더 가지지 못해서, 더 드러내지 못해서 안달이다. 이것이 참된 제자의 모습일까? 누가 이런 교회를 보고 기뻐할까? 사탄이 기뻐하는 일은 주님께 근심이다.

4. 우리는 어떻게 단순 대적을 넘어 마귀에게 눌린 자를 구할 수 있는가

1) 하나님께서 함께 하시니 귀신 들린 자를 고치라

하나님이 나사렛 예수에게 성령과 능력을 기름 붓듯 하셨으매 그가 두루 다니
시며 선한 일을 행하시고 마귀에게 눌린 모든 사람을 고치셨으니 이는 하나님
이 함께하셨음이라_행 10:38

우리가 마귀를 대적하면 이길 수 있을까? 마귀는 대단한 영적 힘이 있
는 존재가 아닌가?

주님은 사탄을 물리치셨다. 모든 권세를 가진 주님이 바로 우리에게
도 그런 능력을 주셨다. 우리도 마귀를 내쫓을 수 있다. 우리도 병든 자
를 고칠 수 있다.

2) 온전한 믿음으로 주님이 하신 일보다 더 큰 일을 하라

나를 믿는 자는 내가 하는 일을 그도 할 것이요 또한 그보다 큰 일도 하리니_
요 14:12

주님은 믿는 우리가 주님의 일을 하는 것을 기뻐하신다. 우리에게 그
사역을 위임하셨다. 주님보다 더 큰 일도 할 수 있도록 하셨다.

어떻게 이렇게 나약한 우리가 주님이 하신 일을 할 수 있는가? 어떻게
주님이 하신 일보다 더 큰 일을 할 수 있는가? 바로 성령 하나님의 역사
를 통해 가능하다. 주님이 우리와 함께하셔서 주님이 하시는 것이다.

왜 우리는 무릎 꿇는가? 왜 간절히 기도하는가? 내게 힘이 있다면, 능

력이 있다면 그럴 필요가 없다. 그러나 모든 능력은 바로 주의 성령으로 말미암아 나온다.

3) 하나님의 신, 즉 성령님 을 의지하며 살라

> **6** 그가 내게 대답하여 이르되 여호와께서 스룹바벨에게 하신 말씀이 이러하니라 만군의 여호와께서 말씀하시되 이는 힘으로 되지 아니하며 능력으로 되지 아니하고 오직 나의 영으로 되느니라 **7** 큰 산아 네가 무엇이냐 네가 스룹바벨 앞에서 평지가 되리라 그가 머릿돌을 내놓을 때에 무리가 외치기를 은총, 은총이 그에게 있을지어다 하리라 하셨고_슥 4:6-7

오직 주님의 신으로, 성령으로 이루어진다. 우리 앞에 놓인 큰 산도 평지가 된다. 어떻게 그럴 수 있는가? 세상을 창조하신 주님 앞에 모든 산과 강은 더 이상 장애가 될 수 없다.

간절히 기도하는가? 무릎 꿇고 있는가? 주님의 역사를 기다리고 갈망하는 자에게 역사는 일어난다.

5. 악한 귀신을 항복시키는 것은 너무나 중요하다. 그러나 주님은 무엇을 더 기뻐하라고 하셨는가

예수님은 마귀에 대해서는 관심이 없으시다. 예수님에게 사탄은 단지 처벌받아야 할 대상일 뿐이다. 예수님은 우리가 무엇에 관심 갖기를 원하시는가?

> **19** 내가 너희에게 뱀과 전갈을 밟으며 원수의 모든 능력을 제어할 권능을 주었으니 너희를 해칠 자가 결코 없으리라 **20** 그러나 귀신들이 너희에게 항복하는 것으로 기뻐하지 말고 너희 이름이 하늘에 기록된 것으로 기뻐하라_눅 10:19-20

예수님은 우리가 구원받은 사실에 더 관심을 갖기를 소원하신다.

6. 사탄은 더 교묘한 전략으로 어떻게 성도를 넘어지게 하는가

사탄은 설교자가 강단에 오르기 전에 먼저 강단에 오른다. 청중이 교회의 자리에 앉기 전에 이미 교회에 들어온다. 우리가 매 순간 기도하는 이유가 여기 있다. 어디를 가든지 무슨 일을 하든지 기도해야 한다.

사탄은 예배를 허락하지만 진정한 예배를 싫어하여 방해한다. 기도를 하지만 마음을 담은 진실한 기도를 못하게 한다. 찬양을 하지만 온몸과 마음을 드리지 못하게 한다.

사탄은 먹잇감을 찾아 두루 다닌다. 사탄은 죽은 먹잇감은 물지 않는다. 이미 자신의 소유가 된 사람은 건들지 않는다. 그러나 자신의 통치를 벗어나려고 하는 자는 가만두지 않는다. 자신의 왕국을 거스르는 믿는 자를 적대시한다.

7. 사탄이 싫어하는 일이 무엇인지 알면 잘 대적하고, 이길 수 있다. 사탄은 어떻게 사람을 공격하고 넘어트리려고 하는가

사탄은 경건한 동방의 의인 욥을 가만두지 않았다.

> 1 우스 땅에 욥이라 불리는 사람이 있었는데 그 사람은 온전하고 정직하여 하나님을 경외하며 악에서 떠난 자더라 2 그에게 아들 일곱과 딸 셋이 태어나니라 3 그의 소유물은 양이 칠천 마리요 낙타가 삼천 마리요 소가 오백 겨리요 암나귀가 오백 마리이며 종도 많이 있었으니 이 사람은 동방 사람 중에 가장 훌륭한 자라 4 그의 아들들이 자기 생일에 각각 자기의 집에서 잔치를 베풀고 그의 누이 세 명도 청하여 함께 먹고 마시더라 5 그들이 차례대로 잔치를 끝내면 욥이 그들을 불러다가 성결하게 하되 아침에 일어나서 그들의 명수대로 번제

를 드렸으니 이는 욥이 말하기를 혹시 내 아들들이 죄를 범하여 마음으로 하나
님을 욕되게 하였을까 함이라 욥의 행위가 항상 이러하였더라 **6** 하루는 하나님
의 아들들이 와서 여호와 앞에 섰고 사탄도 그들 가운데에 온지라 **7** 여호와께
서 사탄에게 이르시되 네가 어디서 왔느냐 사탄이 여호와께 대답하여 이르되
땅을 두루 돌아 여기저기 다녀왔나이다 **8** 여호와께서 사탄에게 이르시되 네가
내 종 욥을 주의하여 보았느냐 그와 같이 온전하고 정직하여 하나님을 경외하
며 악에서 떠난 자는 세상에 없느니라 **9** 사탄이 여호와께 대답하여 이르되 욥
이 어찌 까닭 없이 하나님을 경외하리이까 **10** 주께서 그와 그의 집과 그의 모든
소유물을 울타리로 두르심 때문이 아니니이까 주께서 그의 손으로 하는 바를
복되게 하사 그의 소유물이 땅에 넘치게 하셨음이니이다 **11** 이제 주의 손을 펴
서 그의 모든 소유물을 치소서 그리하시면 틀림없이 주를 향하여 욕하지 않겠
나이까 **12** 여호와께서 사탄에게 이르시되 내가 그의 소유물을 다 네 손에 맡기
노라 다만 그의 몸에는 네 손을 대지 말지니라 사탄이 곧 여호와 앞에서 물러가
니라 _**욥 1:1-12**

욥은 동방의 의인이었다. 많은 재물을 가졌지만 하나님을 두려워하고
경외하였다. 자녀들이 잔치 때 혹 죄를 범하였을까 봐 번제를 드렸다. 그
렇게 정직하고 온전한 욥은 사탄의 표적이 되었다. 사탄이 이렇게 선한
자를 괴롭히는 것을 하나님은 허락하신다. 왜 선한 자에게 어려움을 주
시는가? 그런 시련 가운데 주님이 영광을 받으시기 위함이고 그 시험 받
는 자를 더 축복하시기 위함이다.

요셉의 삶은 시련의 연속이었다. 비전을 가졌지만 그의 꿈은 이루어
지지 않는 것 같았다. 그러나 결국 요셉은 오랜 연단의 시간 뒤에 애굽의
국무총리가 되어 자기 민족을 구원하였다. 시련과 시험 속에서 눈물을
흘리는가? 영적인 성장을 위함임을 기억하라! 사탄의 궤계를 간파하고
주님을 찬양하라!

사탄은 예수님의 제자 베드로의 마음속에도 들어갔다. 예수님이 베드
로에게 본인이 누군지 물을 때 베드로는 주님이 메시아이심을 고백했다.
그때 예수님은 베드로가 복이 있다고 하시고 이 사실은 하늘에 계신 아

버지가 알려 주셨다고 하셨다.

주님은 반석 위에 내 교회를 세우리니 음부의 권세가 이기지 못하리라고 하셨다. 또 내가 천국 열쇠를 네게 주리니 네가 땅에서 무엇이든지 매면 하늘에서도 매일 것이요 네가 땅에서 무엇이든지 풀면 하늘에서도 풀리리라고 하셨다(마 16:15-19).

그러나 잠시 뒤 예수님은 베드로에게 "사탄아 내 뒤로 물러가라!"고 꾸짖으셨다.

> 21 이때로부터 예수 그리스도께서 자기가 예루살렘에 올라가 장로들과 대제사장들과 서기관들에게 많은 고난을 받고 죽임을 당하고 제삼일에 살아나야 할 것을 제자들에게 비로소 나타내시니 22 베드로가 예수를 붙들고 항변하여 이르되 주여 그리 마옵소서 이 일이 결코 주께 미치지 아니하리이다 23 예수께서 돌이키시며 베드로에게 이르시되 사탄아 내 뒤로 물러가라 너는 나를 넘어지게 하는 자로다 네가 하나님의 일을 생각하지 아니하고 도리어 사람의 일을 생각하는도다 하시고_ 마 16:21-23

사탄은 수제자 베드로에게까지 하나님의 뜻 대신 다른 생각을 넣었다. 우리는 어떤가? 내 삶에 온전히 하나님의 뜻을 이루고 있는가?

내 가정에 주님의 뜻이 이루어지도록 하고 있는가? 내 자녀에게 주님의 뜻이 이루어지도록 소원하고 있는가? 세상적 출세와 안정을 추구하면서 살고 있지 않은가?

베드로는 물 위에 계신 주님을 보고 발을 내딛었다. 대단한 믿음이다. 물론 바람을 보고 무서워 바다에 빠졌지만 믿음의 발을 내딛었다.

> 29 오라 하시니 베드로가 배에서 내려 물 위로 걸어서 예수께로 가되 30 바람을 보고 무서워 빠져 가는지라 소리 질러 이르되 주여 나를 구원하소서 하니_ 마 14:29-30

ⓠ 과연 우리는 현재 삶에서 불가능하게 보이는 상황에서
내 믿음의 발을 내밀 수 있을까?

8. 사탄을 대적하고 그 영향력에서 벗어날 수 있는가

- **기도회** 에 나오라!
- 잠자기 전 기도하라!
- 자고 일어나서 기도하라!
- 깨어 있어 길을 걸을 때 기도하라!
- **무시로** 성령 안에서 기도하라!
- 기도 제목을 서로 나누라!
- 삼삼오오 기도하는 자와 정규적으로 만나라!

아니 그러면 언제 집안일을 하고 언제 자식 키우느냐고 질문할 것이다. 여러분이 자식에게 염려와 두려움 속에 잔소리하고 손을 대는 것보다 주님께 기도하는 가운데 키우는 것이 더 잘 키우는 것이다. 그 자녀도 하나님께 기도하게 하라! 적어도 금요기도 집회 때는 나오게 하라! 새벽에 일어날 수 있다면 새벽 제단을 쌓게 하라! 여러분이 먼저 기도의 사람이 되어야 축복이 가계에 흐른다!

자신의 마음이 잡히지 않고 방황하여 낭비하는 시간이 얼마나 많은가? 오히려 하루 1시간을 주님께 드리고 23시간을 잘 사용하는 것이 낫지 않는가? 말씀과 기도와 찬양이 넘칠 때 우리는 자유하게 되고 영혼이 구원의 기쁨 속에서 산다. 더 많은 일을 감당할 수 있다. 더 부유해지고 행복해질 수 있다.

9. 우리는 악과 악한 존재 사탄에게 지지 않도록 어떻게 기도해야 하는가

다만 악에서 구하시옵소서_마 6:13

악한 존재로부터 구원하여 달라고 기도해야 한다.

10. 사탄을 어떻게 누르고, 쫓아낼 수 있는가

1) 꾸짖어야 한다

14 그들이 무리에게 이르매 한 사람이 예수께 와서 꿇어 엎드려 이르되 15 주여 내 아들을 불쌍히 여기소서 그가 간질로 심히 고생하여 자주 불에도 넘어지며 물에도 넘어지는지라 16 내가 주의 제자들에게 데리고 왔으나 능히 고치지 못하더이다 17 예수께서 대답하여 이르시되 믿음이 없고 패역한 세대여 내가 얼마나 너희와 함께 있으며 얼마나 너희에게 참으리요 그를 이리로 데려오라 하시니라 18 이에 예수께서 꾸짖으시니 귀신이 나가고 아이가 그때부터 나으니라_마 17:14-18

예수님이 꾸짖으시니 귀신이 나가고, 질병이 나았다. 제자들이 귀신을 내쫓지 못한 이유는 무엇이었는가?

2) 믿음이 있어야 한다

19 이때에 제자들이 조용히 예수께 나아와 이르되 우리는 어찌하여 쫓아내지 못하였나이까 20 이르시되 너희 믿음이 작은 까닭이니라 진실로 너희에게 이르노니 만일 너희에게 믿음이 겨자씨 한 알 만큼만 있어도 이 산을 명하여 여기서 저기로 옮겨지라 하면 옮겨질 것이요 또 너희가 못할 것이 없으리라_마 17:19-20

믿음이 작은 연고로 그러하였다.

3) 하나님 께서 하심을 믿고, 나아가야 한다

> 평강의 하나님께서 속히 사탄을 너희 발 아래에서 상하게 하시리라 우리 주 예수의 은혜가 너희에게 있을지어다_롬 16:20

평강의 하나님이 속히 사탄을 발 아래서 상하게 하신다고 하셨다.

11. 하나님의 아들, 예수 그리스도가 나타나신 이유 중 한 가지는 무엇인가

> 죄를 짓는 자는 마귀에게 속하나니 마귀는 처음부터 범죄함이라 하나님의 아들이 나타나신 것은 마귀의 일을 멸하려 하심이라_요일 3:8

바로, 마귀의 일을 멸하려 하심이었다.

12. 성경은 사탄을 그리고 악한 자들을 어떻게 하신다고 하였는가

1) 머리 를 상하게 하실 것이라고 하였다

> 내가 너로 여자와 원수가 되게 하고 네 후손도 여자의 후손과 원수가 되게 하리니 여자의 후손은 네 머리를 상하게 할 것이요 너는 그의 발꿈치를 상하게 할 것이니라 하시고_창 3:15

2) 십자가로 악한 통치자들과 권세자들을 이기셨다고 하였다

> 통치자들과 권세들을 무력화하여 드러내어 구경거리로 삼으시고 십자가로 그들을 이기셨느니라_골 2:15

3) 마귀 와 다투어 변론하고, 꾸짖으시기를 원한다고 하였다

> 천사장 미가엘이 모세의 시체에 관하여 마귀와 다투어 변론할 때에 감히 비방
> 하는 판결을 내리지 못하고 다만 말하되 주께서 너를 꾸짖으시기를 원하노라
> 하였거늘_유 1:9

천사장 미가엘이 모세의 시체에 관해 변론할 때 주님께서 사탄을 꾸짖으시기를 원한다고 하였다. 우리가 기도할 때 이렇게 담대히 주님께서 악한 사탄을 저지하도록 간구해야 한다.

13. 영적 전쟁 시 기도해야 하는 이유는 무엇인가

> 우리 하나님 여호와께서 우리가 그에게 기도할 때마다 우리에게 가까이하심과
> 같이 그 신이 가까이함을 얻은 큰 나라가 어디 있느냐_신 4:7

하나님께서 기도할 때마다 가까이해 주시고, 다른 나라와 달리 큰 도움을 주님께 받을 수 있기 때문이다.

과제

 말씀암송

로마서 16:20

평강의 하나님께서

속히 사탄을 너희 발 아래에서 상하게 하시리라

우리 주 예수의 은혜가 너희에게 있을지어다

☑ **하루 30분씩 매일 기도해 주세요.**

☑ **3명 이상에게 중보기도 제목을 받고, 기도해 주세요.**

☑ **기도문을 적어 제출해 주세요.**

[개인, 가정, 교회, 나라를 위한 기도]

☑ **메모**

_____

_____

_____

_____

Spiritual Warfare and Prayer

chapter 3

사탄의 전술 VS 성도의 대처

1. 원수의 간교한 계책은 무엇인가

1) 한 영혼을 기도하지 않게 하며 영적으로 타락시킨다

마귀는 교활하고 야심이 많으며, 한 영혼을 철저히 파괴하려고 한다.

2) 가정이 화목하지 못하도록 한다

3) 교회 공동체를 무너트린다

사탄은 공격의 범위를 단순히 제한하지 않는다. 악한 자의 초점은 개인, 가정, 공동체, 교회, 도시, 나라, 세상이다. 개인을 통해 세상을 바꾸시는 주님과 달리, 사탄은 개인을 통해 세상을 무너트린다! 사탄의 음부의 권세가 교회를 이기지는 못한다. 그러나 치명타는 줄 수 있다. 그러므로 우리는 깨어 이 영적 공격을 간파하고 대항해야 한다.

사탄은 교회를 없애진 못한다. 그러나 부패하고 망하게 한다. 더 무서운 일이다! 교회를 변질되게 한다. 변화되고 개혁되어야 할 성도와 공동체가 서서히 썩게 만든다. 신성종 저자는 『영적 전쟁』에서 사탄의 10가지 전략이 무엇인지 언급한다.

1) 교만

가장 오래되었으면서도 효과적인 사탄의 유혹 방법은 바로 교만이란 무기이다. 다윗이 하나님께서 원치 않으시는 인구조사를 한 것도 그의 교만 때문이었다.

> 다윗이 백성을 조사한 후에 그의 마음에 자책하고 다윗이 여호와께 아뢰되 내가 이 일을 행함으로 큰 죄를 범하였나이다 여호와여 이제 간구하옵나니 종의 죄를 사하여 주옵소서 내가 심히 미련하게 행하였나이다 하니라_삼하 24:10

2) 절망

교만이 사탄의 부추김이라면 절망은 사탄의 방해 작전이다. 절망은 낙심으로 시작해 자살로 이어진다. 최근 들어 빈번하게 발생하는 자살사건들은 바로 절망의 표현이며 결론이다.

3) 비교의식

C. S. 루이스(C.S. Lewis)는 현대의 마귀는 비교의식을 통해 인간을 유혹한다고 했다. 이 비교의식은 우리를 교만하게 만들기도 하며 절망에 빠뜨리기도 한다.

4) 의심과 불신

본래 의심은 사탄이 하와의 마음속에 심어놓은 독초였다. 이것이 들어가자 하나님을 의심하기 시작했고, 결국 선악과를 따 먹게 되었다.

5) 거짓말

거짓말은 사탄으로부터 시작돼 세상에 번지기 시작했다. 거짓말이 얼마나 심각한 잘못인지는 십계명 9번째에 나온다.

6) 미움

미움의 역사를 보면 가인과 아벨에게서 시작된 것을 볼 수 있다. 그 미움의 뿌리는 시기와 질투에서 비롯되었다.

7) 불평과 원망

이스라엘 백성들의 삶이 불평과 원망으로 얼룩져 있음을 볼 수 있다. 불평은 또 다른 불평을 낳고 원망은 또 다른 원망을 낳는다. 마침내 불평은 습관이 되고 만다.

8) 지연 작전

사탄은 우리가 선한 일을 계획하지 않기를 바란다. 그러나 우리가 선한 일을 계획하면 그것을 지연시킨다. 그것이 사탄의 전술이다.

9) 불성실성

성경을 보면 사탄은 자신의 일에 부지런한 사람들을 유혹하지 않는다. 항상 게으른 사람, 즉 불성실한 사람들을 골라서 유혹해 이용했다.

10) 외식

> 사탄이 가장 좋아하는 것은 외식이다. 사탄은 우리가 기도하는 것과 성경 읽는 것, 교회에 가는 것과 봉사하는 것을 싫어한다. 그러나 그런 것들을 막을 수 없을 때 사용하는 마지막 무기가 바로 외식에 빠지게 하는 것이다.
>
> – 신성종 『영적 전쟁』 p.130 요약

Q 다음 세대는 사탄의 어떤 전략에 넘어지게 되는 것 같은가?

2. 사탄은 개인과 공동체를 무너트리기 위해 어떤 전략을 쓰는가

1) 평가 기준을 바꾼다

초대 교회는 모이면 기도하는 공동체였다. 기적을 맛보고 말씀과 기도와 찬양이 충만했다. 교회의 평가 기준은 얼마나 신실하게 말씀을 묵상하고 기도하는가였다. 그래서 서로 공동체를 이루어 경건 훈련을 했다. 그런 공동체가 바로 교회였다.

그런데 오늘날 교회는 모이긴 모이는데 사회 정의 구현과 구제를 위해 모인다. 구제와 사회 정의가 잘못된 것이 아니다. 복음과 복음의 각성이 없이 부차적인 것에 너무나 많은 시간과 재정을 투자하고 있는 것이 문제이다. 복음 사역과 훈련 그리고 다음 세대를 세우는 것보다 교회 평가에 좋은 것에 눈을 돌리고 있다.

신본주의적 관점보다 사회와 다른 교회가 자신의 교회를 어떻게 평가하느냐가 더 중요해졌다. 부흥이라는 평가와 목적도 바뀌었다. 무엇을 위해, 누구를 위해 교회가 이래야 하고 저래야 하는가? 주님이 세우신 교회가 인간이 원하는 교회로 변질되어야 하는가?

영적 상태는, 영적 유익은 단순한 숫자로 환원될 수 없다. 교회의 세속적인 부분은 아무리 근사하고 번영하는 것 같아도 곧 사라질 것이다. 교회의 물질적인 부와 외양적 번영은 값싼 향수와 반짝이는 장식이 될 수 있다. 교회의 진정한 힘과 평가 기준은 영적 성숙과 경건이다.

영적 교회는 지옥에 가는 불신자를 돌이켜 구원받게 해야 한다. 바다에서 고기 잡는 배가 엔진이 튼튼하고 고기를 잘 잡아야지 여객선이나 유람선처럼 아름답기만 하고 고기는 잡지 않는다면 그것이 고기잡이 배이겠는가?

2) 삶의 기준을 바꾼다

사탄은 성도의 삶의 기준을 바꾼다. 하나님의 영광을 위해서 살아야 할 성도가 다른 가치관을 가지고 산다. 부와 명예와 물질을 위해 살아간다. 삶의 기준이 하나님의 영광과 나라가 아니다. 내 나라 내 왕국을 이 땅에서 세우기 원한다.

주님의 눈물과 아픔을 느끼지 못한다. 주님의 음성을 듣지 못하며 산다. 왜 내 기준과 내 목표를 보느라 하나님의 눈물을 보지 못한다.

배우자와 자녀에게 어떤 삶이 가장 가치 있는 삶인가? 돈만 많이 버는 것이 삶의 기준인가? 공부만 잘하면 되는가? 삶의 기준이 무엇인가?

세례 요한처럼 광야의 소리가 되기를 원하는가? 엘리야처럼 광야로 쫓겨 가는 선지자가 되길 원하는가? 성공을 위해 도시로 가고 좋은 대학으로 가는 것이 성경적인가? 예수님은 골고다에서 십자가를 지는 것이 삶의 목적이셨다. 교인의 삶의 성숙도는 자기 부정을 얼마나 하느냐로 알 수 있다.

3) 공동체의 사역 방향 을 바꾼다

사탄은 간교하여 제일 먼저 장수인 사역자를 공격한다. 사탄은 사역자의 영적 방향을 바꾼다. 또 사역하다 보면 방향 감각이 둔해진다. 감각이 둔해지면 어떤 방향으로 가는지 모른다.

> ### 전투기 조종사와 계기판
>
> 전투기 조종사가 비행 훈련을 하다 보면 하늘과 바다가 구분이 가지 않을 때가 있다. 실제로 전투기 조종사는 방향 감각을 익히는 훈련을 많이 한다. 그런데 아무리 훈련해도, 때로는 자신의 방향감각을 믿을 수 없다. 그래서 조종사는 조종석 컴퓨터의 스크린을 읽고 그 지시를 따라야 한다. 분명 하늘 같아도 잘못하면 바다로 내려갈 수 있다.

교회 사역자만 사역자가 아니다. 여러분의 가정에서는 여러분이 사역자이다. 일터에서 여러분이 사역자다. 공동체에서 여러분이 리더자의 위치에 있을 수 있다. 방향 감각을 잃지 말라! 성경을 읽고 기도하면서 나가야 할 방향을 잡으라!

4) 영적 기운을 다운시킨다

사탄은 강력한 능력으로 교회 공동체의 기운을 바꾼다. 승리와 기쁨의 공동체를 패배감과 우울로 가득 차게 한다. 영적인 흐름은 있게 하지만 그 흐름이 부정적이고 힘없게 한다.

교회의 믿음, 성결, 영적 열기가 교회의 진정한 능력의 요인이다.

3. 사탄은 우리가 누구와 벗이 되도록 하는가

1) 세상 을 사랑하도록 한다

> 데마는 이 세상을 사랑하여 나를 버리고 데살로니가로 갔고 그레스게는 갈라디아로, 디도는 달마디아로 갔고_**딤후 4:10**

세상과 벗하도록 한다. 하나님과 원수 되려는가? 그리스도의 참 제자는 세상을 포기하고 세상 속에서 사는 자다. 물고기는 물속에 살지만 물이 몸속에 들어오지 않게 하듯, 성도는 세상 속에서 살지만 세상의 죄가 성도 안에 침투해 들어오지 않도록 해야 한다.

우리가 세상과 짝하고 세상과 결혼했다면 하나님과 원수이다. 세상에서 민음으로 말미암아 충돌이 있지 않다면 내 신앙을 점검해야 한다.

2) 세상에 있는 것들을 사랑하게 한다

> 이 세상이나 세상에 있는 것들을 사랑하지 말라 누구든지 세상을 사랑하면 아버지의 사랑이 그 안에 있지 아니하니_**요일 2:15**

세상과 세상에 있는 것을 사랑하게 한다.

3) 세상 사람들의 딸들 에 빠지게 한다

> **2** 하나님의 아들들이 사람의 딸들의 아름다움을 보고 자기들이 좋아하는 모든 여자를 아내로 삼는지라 **3** 여호와께서 이르시되 나의 영이 영원히 사람과 함께 하지 아니하리니 이는 그들이 육신이 됨이라 그러나 그들의 날은 백이십 년이 되리라 하시니라_창 6:2-3

하나님의 아들들이 세상의 딸들을 사랑하여 하나님의 근심이 되고, 하나님을 괴롭게 하였다. 성경에는 세상과의 충돌을 보여주는 두 인물이 있다. 바로 아담과 두 번째 아담 예수님이다.

> **47** 첫 사람은 땅에서 났으니 흙에 속한 자이거니와 둘째 사람은 하늘에서 나셨느니라 **48** 무릇 흙에 속한 자들은 저 흙에 속한 자와 같고 무릇 하늘에 속한 자들은 저 하늘에 속한 이와 같으니 **49** 우리가 흙에 속한 자의 형상을 입은 것 같이 또한 하늘에 속한 이의 형상을 입으리라_고전 15:47-49

4) 간음한 여인들과 벗이 되게 한다

> 간음한 여인들아 세상과 벗 된 것이 하나님과 원수 됨을 알지 못하느냐 그런즉 누구든지 세상과 벗이 되고자 하는 자는 스스로 하나님과 원수 되는 것이니라_약 4:4

야고보는 그리스도를 따르는 자들이 세상과 벗해서는 안 된다고 말한다.

4. 기도자는 무엇을 조심하며 살아야 하는가

> **15** 이 세상이나 세상에 있는 것들을 사랑하지 말라 누구든지 세상을 사랑하면

아버지의 사랑이 그 안에 있지 아니하니 16 이는 세상에 있는 모든 것이 육신의 정욕과 안목의 정욕과 이생의 자랑이니 다 아버지께로부터 온 것이 아니요 세상으로부터 온 것이라 17 이 세상도, 그 정욕도 지나가되 오직 하나님의 뜻을 행하는 자는 영원히 거하느니라_**요일 2:15-17**

하나님의 나라를 세우지 못하게 하는 세 가지는 세상, 육체적 정욕, 마귀이다.

- 내가 빠지는 육체적 정욕은 무엇인지 적어 보라!
- 안목의 정욕은 무엇인지 적어 보라!
- 이생의 자랑은 무엇인지 적어 보라!

Q 이 세 가지 원수를 이기는 방도는 무엇일까?

이 세상이나 세상에 있는 것들을 사랑하지 말라_**요일 2:15**

우선, 세상과 세상에 있는 것들을 사랑하지 않아야 한다. 그리고 적극적으로 하나님을 사랑하면 된다. 즉, 자신의 뜻과 의지를 내려놓고 하나님의 마음을 가지고 애통하는 자가 되어야 한다!

Q 세상을 사랑하지 않으려면 신앙생활할 때 어떻게 더 노력해야 하는가? 세 가지를 적어 보라!

1)

2)

3)

너는 마음을 다하고 뜻을 다하고 힘을 다하여 네 하나님 여호와를 사랑하라_신 6:5

하나님을 전적으로 사랑하면 된다. 그러면 육체의 소욕과 성령의 소욕이 싸우게 된다. 그런 영적 전쟁 가운데 주님의 은혜로 성도는 마귀의 공격에서 승리한다.

5. 귀신과 사탄을 어떻게 이길 수 있는가

1) 주의 이름 으로 이길 수 있다

주여 주의 이름이면 귀신들도 우리에게 항복하더이다_눅 10:17

예수님의 이름으로 이긴다. 원수를 압도하는 것은 그리스도의 권세 밖에 없다.

예수님의 이름의 권세로 사탄은 결박되어 힘이 없어진다. 그러나 주님의 권세가 없고 임재가 없는 곳에서는 사탄이 활개를 친다. 왜 영적 제단을 쌓고 평소 기도해야 하는가? 기도해야 우리가 사탄의 침공에서 자유 할 수 있다. 다른 지체를 세워 나갈 수 있다.

2) 주님의 기도를 통해 회복 받고, 지체들을 섬길 수 있다

31 시몬아, 시몬아, 보라 사탄이 너희를 밀 까부르듯 하려고 요구하였으나 32 그러나 내가 너를 위하여 네 믿음이 떨어지지 않기를 기도하였노니 너는 돌이킨 후에 네 형제를 굳게 하라 33 그가 말하되 주여 내가 주와 함께 옥에도, 죽는 데에도 가기를 각오하였나이다 34 이르시되 베드로야 내가 네게 말하노니 오늘 닭 울기 전에 네가 세 번 나를 모른다고 부인하리라 하시니라_눅 22:31-34

믿음이 떨어지지 않도록 주님이 베드로를 위해 기도해 주셨다. 그렇다면 우리가 자녀를 위해 기도하는 것은 당연하다. 부모님을 위해 기도하는 것이 당연하다. 그런데 겁내거나 창피해 하지 않고 소리 내어 그 사랑하는 대상에게 기도할 수 있어야 한다.

주님은 시험에 빠진 베드로를 다시 사용하겠다고 하셨다. 그 이유는 넘어진 형제를 굳게 하려 하심이었다. 옆에 있는 성도가 시험에 빠지고 비참한 상황이라도 경멸하거나 정죄해서는 안 된다. 주님이 다시 일으켜 세우실 것이다. 철저한 회개를 통한 돌이킴이 있도록 기도해야 한다. 기다려 주어야 한다.

6. 사탄은 사람을 어떻게 공격하는가

1) 몸을 공격한다

> 7 사탄이 이에 여호와 앞에서 물러가서 욥을 쳐서 그의 발바닥에서 정수리까지 종기가 나게 한지라 8 욥이 재 가운데 앉아서 질그릇 조각을 가져다가 몸을 긁고 있더니 9 그의 아내가 그에게 이르되 당신이 그래도 자기의 온전함을 굳게 지키느냐 하나님을 욕하고 죽으라_ 욥 2:7-9

사탄은 인간의 마음을 공략한다. 육신을 공격한다. 그리하여 우리 영혼이 침륜에 빠지도록 한다. 어떻게 해서라도 하나님을 부인하고 저주하도록 한다. 욥의 부인은 이렇게 말했다.

> 하나님을 욕하고 죽으라_ 욥 2:9

사탄은 육신을 공격하고 괴롭게 한다. 신약성경에는 귀신 들린 사람이 숱하게 나온다. 어떤 사람은 듣지 못하게 되었고, 어떤 사람은 말을 못하거나 보지 못하게 되었다. 그러나 주님은 그런 귀신 들린 자와 병든 자를 고치셨다.

사탄의 억압과 힘은 예수님의 제자에게까지 미쳤다. 베드로 속에만 들어간 것이 아니라 가룟 유다의 심령 속에도 들어갔다.

2) 마음에 들어가 공격한다

> **3** 열둘 중의 하나인 가룟인이라 부르는 유다에게 사탄이 들어가니 **4** 이에 유다가 대제사장들과 성전 경비대장들에게 가서 예수를 넘겨 줄 방도를 의논하매 **5** 그들이 기뻐하여 돈을 주기로 언약하는지라 **6** 유다가 허락하고 예수를 무리가 없을 때에 넘겨 줄 기회를 찾더라_ 눅 22:3-6

가룟 유다가 돈을 좋아하는 것을 이용했고, 그런 욕심을 이용해 예수님까지 배신하고 팔게 했다.

> **4** 제자 중 하나로서 예수를 잡아 줄 가룟 유다가 말하되 **5** 이 향유를 어찌하여 삼백 데나리온에 팔아 가난한 자들에게 주지 아니하였느냐 하니 **6** 이렇게 말함은 가난한 자들을 생각함이 아니요 그는 도둑이라 돈궤를 맡고 거기 넣는 것을 훔쳐 감이러라_ 요 12:4-6

3) 재물로 유혹과 시험을 한다

> **23** 대답하여 이르시되 나와 함께 그릇에 손을 넣는 그가 나를 팔리라 **24** 인자는 자기에 대하여 기록된 대로 가거니와 인자를 파는 그 사람에게는 화가 있으리로다 그 사람은 차라리 태어나지 아니하였더라면 제게 좋을 뻔 하였느니라 **25** 예수를 파는 유다가 대답하여 이르되 랍비여 나는 아니지요 대답하시되 네가 말하였도다 하시니라_ 마 26:23-25

유다는 자신이 스승 예수님을 팔지 몰랐다. 돈을 사랑했지만 자신이 그렇게 배신할 줄은 몰랐다.

지금 당장은 예수님을 부인하지 않아도 마지막 심판 전에 물질과 먹고 사는 문제로 주님을 부인할 자들이 있다. 지금부터 사탄의 표적이 되지 않아야 한다. 지금 깨어 기도해야 한다! 가룟 유다도 자신이 돈을 사랑했지만 주님을 팔아 돈을 얻을 줄은 몰랐다. 그런 유다의 최후는 어떠했는가?

> 3 그때에 예수를 판 유다가 그의 정죄됨을 보고 스스로 뉘우쳐 그 은 삼십을 대제사장들과 장로들에게 도로 갖다 주며 4 이르시되 내가 무죄한 피를 팔고 죄를 범하였도다 하니 그들이 이르되 그것이 우리에게 무슨 상관이냐 네가 당하라 하거늘 5 유다가 은을 성소에 던져 넣고 물러가서 스스로 목매어 죽은지라_
> 마 27:3-5

가룟 유다는 자신이 원하는 대로, 사탄이 속삭인 대로 대제사장들과 장로들에게 예수님을 팔았다. 하지만 그중 누구도 그의 행위를 책임지려 하지 않았다. 사탄은 처음에는 종처럼 왔다가 우리가 넘어가면 왕처럼 군림한다. 사탄은 나중에 주님의 심판대 앞에서 "우리에게 무슨 상관이냐. 네가 시험에 빠지고 네가 죄를 지었지"라고 하면서 조소할 것이다.

가룟 유다는 스스로 목을 매어 죽었다. 그 가족과 친척은 어떻게 살았을까? 불명예를 가지고 평생 이스라엘 땅에서 살았을 것이다. 우리가 신앙생활을 잘못하면 나만 정죄받는 것이 아니다.

7. 원수인 사탄의 전술은 무엇인가

> 14 이것은 이상한 일이 아니니라 사탄도 자기를 광명의 천사로 가장하나니 15 그러므로 사탄의 일꾼들도 자기를 의의 일꾼으로 가장하는 것이 또한 대단한 일이 아니니라 그들의 마지막은 그 행위대로 되리라_고후 11:14-15

사탄은 위장술을 쓴다. 자신을 드러내지 않는다. 사탄은 "광명의 천사"로 가장한다(고후 11:14). 사탄은 교활하고, 음흉하게 기만한다. 때로는 아름답고 선하게, 때로는 무서운 사자의 모습으로 다가온다.

8. 사탄은 어떻게 공격하는가

- 사탄은 육신의 질병 을 일으킨다.
- 사탄은 정신적인 병을 일으킨다.
- 사탄은 마음에 병을 일으킨다.
- 사탄은 영적인 혼란을 일으킨다.
- 사탄은 건강한 자존감을 갖지 못하게 한다.
- 사탄은 상처 를 공격한다.
- 사탄은 영적으로 약한 부분을 공격한다.

물론 사탄이 모든 질병과 마음과 영적인 병을 주는 것은 아니다. 사탄의 공격이 아니라 개인적 연약함과 죄와 죄성의 결과로 온 것일 수 있다.

9. 우리에게 주신 권능은 무엇인가

내가 너희에게 뱀과 전갈을 밟으며 원수의 모든 능력을 제어할 권능을 주었으니 너희를 해칠 자가 결코 없으리라_ 눅 10:19

주님은 우리에게 사탄을 결박할 권세를 주셨다. 그러나 사탄은 우리에게 엄청난 권세가 있음을 우리로 잊어버리게 한다. 우리를 무력하게 하려고 한다.

10. 영적으로 사탄은 우리의 어떤 삶을 기뻐하는가

1) 우상 숭배

하나님보다 더욱 사랑하도록 한다.

- 재물
- 학문
- 지식
- 가족
- 생업
- 쾌락

2) 거짓, 허위, 위선, 맹세

주님은 우리에게 맹세하지 말라고 경고하셨다.

> 33 또 옛사람에게 말한 바 헛 맹세를 하지 말고 네 맹세한 것을 주께 지키라 하였다는 것을 너희가 들었으나 34 나는 너희에게 이르노니 도무지 맹세하지 말지니 하늘로도 하지 말라 이는 하나님의 보좌임이요 35 땅으로도 하지 말라 이는 하나님의 발등상임이요 예루살렘으로도 하지 말라 이는 큰 임금의 성임이요 36 네 머리로도 하지 말라 이는 네가 한 터럭도 희고 검게 할 수 없음이라 37 오직 너희 말은 옳다 옳다, 아니라 아니라 하라 이에서 지나는 것은 악으로부터 나느니라_마 5:33-37

거짓, 허위, 위선과 마찬가지로 맹세는 옳지 않다. 왜? 맹세함으로 자신의 자신감과 헛된 확실성을 너무 내세울 수 있다.

3) 교만, 우월감, 자만, 거만

사탄은 우리가 다른 사람보다 낫다고 생각하는 우월감을 가지게 한다. 이는 교만한 자로 서게 하는 것이다.

> 그런즉 선 줄로 생각하는 자는 넘어질까 조심하라_ **고전 10:12**

우리가 기도하면 남보다 높아지려고 하지 않는다. 지는 것을 용납할 수 있다. 다른 사람을 누르거나 무시하지 않는다.

> 아무 일에든지 다툼이나 허영으로 하지 말고 오직 겸손한 마음으로 각각 자기
> 보다 남을 낫게 여기고_ **빌 2:3**

하나님의 사람은 자신보다 다른 사람을 낮게 여기는 마음이 있다. 그러나 십자가에 죽지 않은 사람은 다른 사람을 비방하며 자신의 존재감을 느낀다.

11. 주님은 기도자가 어떤 삶을 살며 사탄의 계략을 넘어서기를 원하시는가

1) 겸손한 삶을 사는 것을 기뻐하신다

> 그러나 더욱 큰 은혜를 주시나니 그러므로 일렀으되 하나님이 교만한 자를 물
> 리치시고 겸손한 자에게 은혜를 주신다 하였느니라_ **약 4:6**

2) 각각 자기 일을 할 뿐만 아니라 다른 사람의 일도 돌아보길 원하신다

> 각각 자기 일을 돌볼뿐더러 또한 각각 다른 사람들의 일을 돌보아 나의 기쁨을
> 충만하게 하라_ **빌 2:4**

다툼이나 허영으로 하지 말아야 한다. 겸손한 마음으로 자기보다 남을 낮게 여겨야 한다. 자기 일을 돌볼 뿐만 아니라 다른 사람의 일도 돌보아야 한다.

3) 불안, 근심, 걱정, 염려를 버리기를 원하신다

4) 불평, 불만, 갈등, 원망, 질투, 시기를 내려놓기를 원하신다

5) 비방, 비난, 이간, 훼방을 멀리하기를 원하신다

6) 비논리적 비평(정당치 못한 평가), 부정적 비판(정당치 못한 판단)을 하지 않기를 원하신다

7) 말다툼, 언쟁을 피하길 원하신다

8) 심적인 두려움, 공포, 허약, 안일, 게으름에서 벗어나기를 원하신다

9) 내면적 질병과 상처에서 자유하기를 원하신다

10) 열등감, 우울감, 낙심, 낙망, 절망, 자포자기하지 않기를 바라신다

11) 탐욕, 이기심, 정욕, 쾌락, 향락, 음란, 음욕, 간음을 하지 않기를 원하신다

12) 분열, 분쟁, 다툼, 싸움, 전쟁을 원하지 않으신다

사탄이 가장 좋아하는 것이 미워하는 것이다. 적극적인 사랑을 하지 못하게 한다. 사랑해야 할 대상을 사랑하지 못하게 한다. 용서하지 못하게 하고, 품지 못하게 한다. 싸우고 분열하고 분쟁하게 한다.

바울은 이렇게 말한다.

> 10 너희가 무슨 일에든지 누구를 용서하면 나도 그리하고 내가 만일 용서한 일
> 이 있으면 용서한 그것은 너희를 위하여 그리스도 앞에서 한 것이니 11 이는 우
> 리로 사탄에게 속지 않게 하려 함이라 우리는 그 계책을 알지 못하는 바가 아니
> 로라_고후 2:10-11

12. 사탄과 짝하지 않기 위해 성경은 어떤 것을 조심하라고 하는가

1) 믿지 않는 자와 멍에 를 메지 말라

> 14 너희는 믿지 않는 자와 멍에를 함께 메지 말라 의와 불법이 어찌 함께하며 빛
> 과 어둠이 어찌 사귀며 15 그리스도와 벨리알이 어찌 조화되며 믿는 자와 믿지
> 않는 자가 어찌 상관하며_고후 6:14-15

믿지 않는 자와 멍에를 메는 것을 성경은 환영하지 않는다. 성경은 믿지 않는 자와 사귀지 말라고 한다.

믿지 않는 자와 상종을 하지 말고 교회에서만 살라는 말씀이 아니다. 믿지 않는 자를 사랑으로 대하되 그들과 같은 죄의 멍에를 메지 말라는 것이다. 그럴 경우 얻게 되는 결과는 죄와 그 영향력이기 때문이다.

2) 믿지 않는 자와 결혼 하지 말라

> 그들의 딸을 맞이하여 아내와 며느리로 삼아 거룩한 자손이 그 지방 사람들
> 과 서로 섞이게 하는데 방백들과 고관들이 이 죄에 더욱 으뜸이 되었다 하는지
> 라_스 9:2

이방인, 즉 믿지 않는 사람과 결혼하지 말라는 말씀은 성경 출애굽기, 신명기, 에스라에서 자주 거론된다.

하지만 그 말씀 중 대다수는 결혼을 포함한 이방인과의 모든 언약, 관계, 상관에 대해서 하신 말씀이다. 결혼에 대해서만 하신 말씀이 아니다. 결혼을 포함한 모든 것을 말씀하신 것이다. 하나님은 여호수아를 통해 가나안 민족들과 혼인하지 말라고 하셨는데, 그 이유가 있었다.

> 12 너희가 만일 돌아서서 너희 중에 남아 있는 이 민족들을 가까이하여 더불어 혼인하며 서로 왕래하면 13 확실히 알라 너희의 하나님 여호와께서 이 민족들을 너희 목전에서 다시는 쫓아내지 아니하시리니 그들이 너희에게 올무가 되며 덫이 되며 너희의 옆구리에 채찍이 되며 너희의 눈에 가시가 되어서 너희가 마침내 너희의 하나님 여호와께서 너희에게 주신 이 아름다운 땅에서 멸하리라_수 23:12-13

가나안 족속들과 혼인을 하면 올무가 되고, 덫이 되고, 옆구리에 채찍이 되고, 눈에 가시가 되어 불행하게 되기 때문이었다.

3) **이단** 과 상종하지 말라

> 이단에 속한 사람을 한두 번 훈계한 후에 멀리하라_딛 3:10

4) 세상과 짝하지 마라

> 간음한 여인들아 세상과 벗 된 것이 하나님과 원수 됨을 알지 못하느냐 그런즉 누구든지 세상과 벗이 되고자 하는 자는 스스로 하나님과 원수 되는 것이니라_약 4:4

13. 사탄에게 쉽게 지지 않기 위해 우리는 어떤 노력을 해야 하는가

1) 자기 몸을 쳐 복종시켜야 한다

> 내가 내 몸을 쳐 복종하게 함은 내가 남에게 전파한 후에 자신이 도리어 버림을 당할까 두려워함이로다_고전 9:27

사도 바울은 자기 몸을 쳐 복종했다. 대 사도가 그렇게 했다면 우리는 어떻게 해야 하는가?

2) 경건 훈련을 해야 한다

> 7 망령되고 허탄한 신화를 버리고 경건에 이르도록 네 자신을 연단하라 8 육체의 연단은 약간의 유익이 있으나 경건은 범사에 유익하니 금생과 내생에 약속이 있느니라_딤전 4:7-8

14. 마귀에게 속지 않기 위해서 어떻게 무장해야 하는가

전신 갑주를 입어야 한다.

> 13 그러므로 하나님의 전신 갑주를 취하라 이는 악한 날에 너희가 능히 대적하고 모든 일을 행한 후에 서기 위함이라 14 그런즉 서서 진리로 너희 허리띠를 띠고 의의 호심경을 붙이고 15 평안의 복음이 준비한 것으로 신을 신고 16 모든 것 위에 믿음의 방패를 가지고 이로써 능히 악한 자의 모든 불화살을 소멸하고 17 구원의 투구와 성령의 검 곧 하나님의 말씀을 가지라_엡 6:13-17

마귀에게 속지 않기 위해, 승리하기 위해 기도한다.
영적 싸움에서 이기려면 제대로 무장을 해야 한다.

Q 왜 전신 갑주를 입어야 하는가?

어둠의 세상 주관자들과 하늘에 있는 악의 영들을 상대하기 위함이다.

Q 전신 갑주에는 어떤 무기와 방어 장비가 있는가?

- 진리의 허리띠
- 의의 호심경
- 평안의 복음의 신
- 믿음의 방패
- 구원의 투구, 성령의 검(하나님의 말씀)

Q 몸의 어디에 갑옷이 없는가? 그 이유는 무엇인가?

다 앞쪽에 무기와 방어 장비가 있다. 등 뒤에는 어떤 방어 장비도 없다. 이 말은 바로 사탄에게 등을 돌리지 말고 마귀를 대적하라는 것이다.

마귀에게 등을 돌리고 산다면 당할 수밖에 없다. 마귀를 얕잡아 보면 큰 코 다칠 수 있다.

과제

☑ **말씀암송**

로마서 16:20

평강의 하나님께서

속히 사탄을 너희 발 아래에서 상하게 하시리라

우리 주 예수의 은혜가 너희에게 있을지어다

☑ **하루 30분씩 매일 기도해 주세요.**

☑ **3명 이상에게 중보기도 제목을 받고, 기도해 주세요.**

☑ **기도문을 적어 제출해 주세요.**

[개인, 가정, 교회, 나라를 위한 기도]

☑ **메모**

_____

_____

_____

_____

Spiritual Warfare and Prayer

chapter 4

영적 전쟁과 영적 성숙

1. 성경은 영적으로 성숙한 지도자의 자격을 무엇이라고 하는가

1) 바울은 감독의 직분자를 세울 때 어떤 자를 세우라고 하였는가?

> 1 미쁘다 이 말이여, 곧 사람이 감독의 직분을 얻으려 함은 선한 일을 사모하는 것이라 함이로다 2 그러므로 감독은 책망할 것이 없으며 한 아내의 남편이 되며 절제하며 신중하며 단정하며 나그네를 대접하며 가르치기를 잘하며 3 술을 즐기지 아니하며 구타하지 아니하며 오직 관용하며 다투지 아니하며 돈을 사랑하지 아니하며 4 자기 집을 잘 다스려 자녀들로 모든 공손함으로 복종하게 하는 자라야 할지며 5 (사람이 자기 집을 다스릴 줄 알지 못하면 어찌 하나님의 교회를 돌보리요) 6 새로 입교한 자도 말지니 교만하여져서 마귀를 정죄하는 그 정죄에 빠질까 함이요 7 또한 외인에게서도 선한 증거를 얻은 자라야 할지니 비방과 마귀의 올무에 빠질까 염려하라_ **딤전 3:1-7**

바울은 단지 서류 전형으로 감독을 세우는 것이 아니라 공동체 안에서 어떤 존재인지 먼저 검증이 되어야 한다고 하였다. 그리고 나서 심지어 교회 공동체 밖 외인에게도 선한 증거를 받아야 한다고 하였다.

바울은 디모데에게 어떻게 지도자를 세울지 권면하였다. 바울은 교회 안 감독의 직분을 얻으려 하는 자의 목적은 선한 일을 사모하는 것이 되어야 한다고 하였다.

'감독의 직분(에피스코페, επισκοπη)'이라는 단어는 문자적으로 '내려다보다,' '돌보다,' '감독하다'를 의미하는 '에피스크페오(επισκπεω)'에서 나온 말이다. 이 단어는 영어로는 '감독자(overseer)'를 의미한다.

그럼, 어떤 감독이 좋은 대상이라고 하였는가?

감독은
책망할 것이 없고,
한 아내의 남편이 되고,

절제하고,

신중하고,

단정하고,

나그네를 대접하고,

가르치기를 잘하고,

술을 즐기지 아니하고,

구타하지 아니하고,

관용하고,

다투지 아니하고,

돈을 사랑하지 아니하고,

자기 집을 잘 다스리고,

새로 입교한 자여서는 안 된다고 하였다.

2) 교회에 집사들을 세울 때의 기준은 무엇인가?

> 8 이와 같이 집사들도 정중하고 일구이언을 하지 아니하고 술에 인박이지 아니하고 더러운 이를 탐하지 아니하고 9 깨끗한 양심에 믿음의 비밀을 가진 자라야 할지니 10 이에 이 사람들을 먼저 시험하여 보고 그 후에 책망할 것이 없으면 집사의 직분을 맡게 할 것이요_딤전 3:8-10

정중하고,

일구이언하지 아니하고,

술에 인박이지 아니하고,

더러운 이(부)를 탐하지 아니하고,

깨끗한 양심에 믿음의 비밀을 가진 자이고,

시험하여 책망할 것이 없는 충성된 자여야 한다고 하였다.

'집사'에 해당하는 헬라어는 '디아코노스(διακονος)'인데 이 뜻은 '종'으로 식사할 때 시중드는 사람을 의미하였다. 집사는 어떤 높은 사람이 아니라 낮은 자가 되도록 세워진 것이었다.

2. 성경은 어떤 사람을 섬김이로 세우지 말라고 하는가

1) 새로 입교한 자를 세우지 말라고 한다

> 새로 입교한 자도 말지니 교만하여져서 마귀를 정죄하는 그 정죄에 빠질까 함이요_딤전 3:6

성숙하지 못한 신자를 영적 지도자의 자리에 두면 그 사람은 교만해진다. 교만으로 인해 마귀가 받은 것과 똑같은 정죄를 받게 된다.

사람을 쓸 때 주의해야 하는 이유는 덕이 되지 못하는 사람이 리더의 자리에 서면 마귀에게 기회를 주어 교회를 비방하도록 만들기 때문이다.

2) 외인을 세우지 않도록 한다

> 또한 외인에게서도 선한 증거를 얻은 자라야 할지니 비방과 마귀의 올무에 빠질까 염려하라_딤전 3:7

사탄은 우리가 영적으로 성숙하지 않을 때 미숙한 리더십을 통해서도 공동체를 무너트린다. 얼마나 처절한 사탄의 공격인가?

가정에 어려움이 있는 것은 어떤 면에서 주님 앞에 성숙하지 않기 때문일 수 있다. 연약한 부모 혹은 연약한 자녀를 통해 시험과 근심이 흘러온다. 부모의 영적 미성숙으로 가정에 어려움이 온다. 리더의 부족으로 사업과 일터에 없어도 되는 문제가 생긴다.

사탄이 주는 어려움도 있지만, 우리의 연약함으로 사탄에게 침공할 기회를 준다.

리더가 온전하지 않아 사탄이 기회를 탄다. 그런데 온전한 리더를 오해하고 넘어트리려는 자도 있다. 사탄이 가장 좋아하는 역할을 수행하는 것이다. 지금 리더에게 여러분이 만족하지 못할 수 있다. 그러나 그 리더가 떠난 뒤에 얼마나 귀한 리더였는지 알게 될 것이다.

대단한 리더이신 구세주 예수님도 고향에서 인정받지 못하셨다. 리더를 평가하고 비판할 때 조심해야 한다. 정말 고쳐야 할 것은 기도해 주고 말해 주어야 한다. 그러나 그렇지 않을 경우는 사탄이 좋아하는 행동과 말을 삼가야 한다.

3) 젊은 과부를 세우지 마라

11 젊은 과부는 올리지 말지니 이는 정욕으로 그리스도를 배반할 때에 시집가고자 함이니 12 처음 믿음을 저버렸으므로 정죄를 받느니라 13 또 그들은 게으름을 익혀 집집으로 돌아다니고 게으를 뿐 아니라 쓸데없는 말을 하며 일을 만들며 마땅히 아니할 말을 하나니 14 그러므로 젊은이는 시집가서 아이를 낳고 집을 다스리고 대적에게 비방할 기회를 조금도 주지 말기를 원하노라 15 이미 사탄에게 돌아간 자들도 있도다_딤전 5:11-15

교회 지도자의 삶과 영적 부모의 삶은 모든 사람에게 명백히 드러난다. 마땅히 경건해야 할 이유가 거기에 있다.

젊은 과부는 리더자로 서기에 합당하지 않다고 한다. 그 이유는 젊은 과부가 정욕으로 그리스도를 배반할 수 있고 사탄에 빠져 믿음을 저버릴 수 있기 때문이다. 젊은 과부의 관심은 다시 시집가는 것이다. 게으르고 쓸데없는 말을 하여 사탄에게 사로잡히는 경우가 있다.

영적으로 젊은 과부가 될 수 있다. 정욕에 사로잡히면 우리도 그렇게 될 수 있다. 주님을 내 이익에 따라 배반할 수 있다. 주님에게 관심이 없고 다른 것에 관심이 있다면 영적 과부이다. 사탄에게 결국 잡히게 된다.

Q 왜 이런 사람들을 세우지 말라고 하는가?

그 이외에 어떤 사람을 섬김이로 세우지 말아야 할 것 같은가?

그 이유는 무엇인가?

3. 성경은 어떤 영역을 넘어서야 성숙한다고 하는가

1) 육체의 정욕

그들이 허탄한 자랑의 말을 토하며 그릇되게 행하는 사람들에게서 겨우 피한
자들을 음란으로써 육체의 정욕 중에서 유혹하는도다_ **벧후 2:18**

2) 육신의 정욕과 안목 의 정욕

이는 세상에 있는 모든 것이 육신의 정욕과 안목의 정욕과 이생의 자랑이니 다
아버지께로부터 온 것이 아니요 세상으로부터 온 것이라_ **요일 2:16**

3) 이 세상 정욕

우리를 양육하시되 경건하지 않은 것과 이 세상 정욕을 다 버리고 신중함과 의
로움과 경건함으로 이 세상에 살고_ **딛 2:12**

4) 죄의 정욕

우리가 육신에 있을 때에는 율법으로 말미암는 죄의 정욕이 우리 지체 중에 역
사하여 우리로 사망을 위하여 열매를 맺게 하였더니_ **롬 7:5**

5) **사람** 의 정욕

> 그 후로는 다시 사람의 정욕을 따르지 않고 하나님의 뜻을 따라 육체의 남은 때를 살게 하려 함이라_**벧전 4:2**

정욕은 내적 유혹의 기초를 형성한다.

4. 정욕과 욕심에 이끌린 자의 최후는 어떻게 되는가
야고보는 우리가 시험 받는 이유를 어떻게 말하는가

> 13 사람이 시험을 받을 때에 내가 하나님께 시험을 받는다 하지 말지니 하나님은 악에게 시험을 받지도 아니하시고 친히 아무도 시험하지 아니하시느니라 14 오직 각 사람이 시험을 받는 것은 자기 욕심에 '끌려 미혹됨'이니 15 욕심이 잉태한즉 죄를 낳고 죄가 장성한즉 사망을 낳느니라_**약 1:13-15**

Q 그리스도가 고난받은 이유는 무엇인가?

성도가 죄를 짓는 것을 막고 정욕을 따르지 않게 하시기 위함이다.

> 1 그리스도께서 이미 육체의 고난을 받으셨으니 너희도 같은 마음으로 갑옷을 삼으라 이는 육체의 고난을 받은 자는 죄를 그쳤음이니 2 그 후로는 다시 사람의 정욕을 따르지 않고 하나님의 뜻을 따라 육체의 남은 때를 살게 하려 함이라_**벧전 4:1-2**

성경은 정욕이 하나님의 뜻에 반(反)한다고 가르친다. 그런데 고난은 사람의 정욕을 멈추게 하고 주님의 품 안에 거하게 한다.

5. 정욕을 이기고 성숙한 기도자가 되는 방법은 무엇인가

1) 육체의 정욕 을 제어해야 한다

> 사랑하는 자들아 거류민과 나그네 같은 너희를 권하노니 영혼을 거슬러 싸우
> 는 육체의 정욕을 제어하라_벧전 2:11

사탄과의 전쟁은 정욕과 관련된다. 감각적인 쾌락을 추구하게 하는
사탄의 유혹을 어떻게 차단해야 할까? 정욕의 잔해를 마음에 두고 사는
성도는 내적 갈등을 겪는다. 죄와 죄의 파괴력을 마음에 남겨두는 것은
우리 영에 치명적이다. 십자가에 우리의 욕심과 욕망을 못 박아야 한다.

영적 여정에서 낮은 목표를 설정하지 말라! 현 상태에 만족하지 말고
높은 비전을 가지고 십자가를 바라보라! 낮은 목표는 우리로 게으르게
하고 마귀의 공격에 노출시킨다.

2) 영적 유아 상태를 벗어나야 한다

> 이는 젖을 먹는 자마다 어린아이니 의의 말씀을 경험하지 못한 자요_히 5:13

한 기독교 만화를 보았는데 어느 신생아실에 교인들이 있었다. 새신
자, 평신도, 집사, 장로 모두 젖병을 빠는 신생아였다. 실제로 교회에 미
성숙한 영적 성인아이들이 많다.

아기가 자라지 않는다면 부모에게는 큰 근심이다. 영적 성장이 없는
성도는 영적 전투를 할 수 없다. 고로 마귀의 공격에 완전히 노출되고 공
격당한다.

3) 영적 무지와 정체를 조심해야 한다

> 그들의 총명이 어두워지고 그들 가운데 있는 무지함과 그들의 마음이 굳어짐
> 으로 말미암아 하나님의 생명에서 떠나 있도다_ 엡 4:18

회심 이후에 영적 성숙해져야 한다. 영적으로 너무 어둡고, 무지해서는 안 된다. 그러면 절대 자랄 수 없다. 영적 정체는 무서운 질병이다. 어린 아기가 1년 동안 계속 몸무게와 키가 성장하는 것처럼 어린아이 상태로 있으면 하나님의 근심의 대상이 된다.

영적 무감각의 시기가 온다. 믿음이 떨어진다. 힘겨운 상황과 환경 속에서 낙담하고 미라처럼 마음이 딱딱해지고 부패한다. 영적 정체를 조심해야 한다.

칭의의 단계를 넘어 성화의 상태에 이르러서는 열심히 경건훈련을 해야 한다. 바울은 부르신 부름의 상을 위하여 열심히 달려야 한다고 하였다.

> 13 형제들아 나는 아직 내가 잡은 줄로 여기지 아니하고 오직 한 일 즉 뒤에 있
> 는 것은 잊어버리고 앞에 있는 것을 잡으려고 14 푯대를 향하여 그리스도 예수
> 안에서 하나님이 위에서 부르신 부름의 상을 위하여 달려가노라_ 빌 3:13-14

바울의 삶은 세 가지로 요약된다.

- 싸우기
- 달리기
- 경계하기

이것이 바로 지속적인 발전의 세 가지 요소이다.

6. 영적 정체에 빠지지 않기 위해 어떤 노력을 해야 하는가

경건의 훈련 없이 성장할 수 없다. 육체의 건강을 위해서 운동하듯 영적 훈련을 해야 한다.

- **기도** 훈련
- 금식 훈련
- **말씀** 양육 훈련
- 교제 훈련
- 전도/선교 훈련

Q 예전에 어떤 훈련을 통해 성숙하게 되었는가?

Q 앞으로 어떤 훈련에 좀 더 뛰어들어 영적으로 무장해야 하는가?

7. 사탄에게 틈을 주지 않기 위해서는 어떻게 해야 하는가

26 분을 내어도 죄를 짓지 말며 해가 지도록 분을 품지 말고 27 마귀에게 틈을 주지 말라_ 엡 4:26-27

분을 내어도 죄를 지를 짓지 말고, 해가 지도록 분을 품지 말아야 한다.

그 형제를 미워하는 자마다 살인하는 자니 살인하는 자마다 영생이 그 속에 거하지 아니하는 것을 너희가 아는 바라_ 요일 3:15

형제를 미워하는 것은 살인하게 되는 것으로 사탄이 기뻐하는 일을 하는 것이다.

8. 영적인 정체기에서 나와 민족을 품고 기도하면 어떤 역사가 있는가

내 이름으로 일컫는 내 백성이 그들의 악한 길에서 떠나 스스로 낮추고 기도하여 내 얼굴을 찾으면 내가 하늘에서 듣고 그들의 죄를 사하고 그들의 땅을 고칠지라_대하 7:14

하나님의 백성으로 일컫는 자가 영적으로 깨어 기도하면 하나님이 하늘에서 듣고, 응답하시고, 땅을 고치실 것이다.

9. 예수님은 십자가를 지시기 전, 하나님께 기도하시면서 하나님의 사람들이 영적으로 승리하기 위해 어떻게 강건하게 서기를 간구하셨는가

1) 하나님의 사람들이 하나 가 되기를 원하셨다

나는 세상에 더 있지 아니하오나 그들은 세상에 있사옵고 나는 아버지께로 가옵나니 거룩하신 아버지여 내게 주신 아버지의 이름으로 그들을 보전하사 우리와 같이 그들도 하나가 되게 하옵소서_요 17:11

2) 하나님의 백성들을 보전하고, 한 명도 멸망하지 않기를 원하셨다

내가 그들과 함께 있을 때에 내게 주신 아버지의 이름으로 그들을 보전하고 지키었나이다 그 중의 하나도 멸망하지 않고 다만 멸망의 자식뿐이오니 이는 성경을 응하게 함이니이다_요 17:12

3) 예수님은 믿음의 사람들 가운데 주님의 기쁨이 충만하기를 원하셨다

지금 내가 아버지께로 가오니 내가 세상에서 이 말을 하옵는 것은 그들로 내 기쁨을 그들 안에 충만히 가지게 하려 함이니이다_요 17:13

4) 세상이 예수님을 미워하듯 하나님의 사람들을 미워하나 악에 빠지지 않게 보전 되고, 그들도 세상에 속하지 않기를 원하셨다

14 내가 아버지의 말씀을 그들에게 주었사오매 세상이 그들을 미워하였사오니 이는 내가 세상에 속하지 아니함 같이 그들도 세상에 속하지 아니함으로 인함 이니이다 **15** 내가 비옵는 것은 그들을 세상에서 데려가시기를 위함이 아니요 다만 악에 빠지지 않게 보전하시기를 위함이니이다 **16** 내가 세상에 속하지 아니함 같이 그들도 세상에 속하지 아니하였사옵나이다_요 17:14-16

5) 예수님은 하나님의 사람들이 진리로 거룩하기를 원하셨다

그들을 진리로 거룩하게 하옵소서 아버지의 말씀은 진리니이다_요 17:17

6) 예수님은 아버지께서 자신을 세상에 보내신 것 같이 하나님의 사람들을 세상에 파송 하기를 원하셨다

18 아버지께서 나를 세상에 보내신 것 같이 나도 그들을 세상에 보내었고 **19** 또 그들을 위하여 내가 나를 거룩하게 하오니 이는 그들도 진리로 거룩함을 얻게 하려 함이니이다_요 17:18-19

7) 예수님은 자신을 믿고 따르는 제자들만이 아니라 믿는 사람들도 올바로 서고, 아버지가 예수님 안에 예수님 안에 아버지가 계시듯 믿는 자들도 하나 가 되기를 원하셨다

20 내가 비옵는 것은 이 사람들만 위함이 아니요 또 그들의 말로 말미암아 나를 믿는 사람들도 위함이니 **21** 아버지여, 아버지께서 내 안에, 내가 아버지 안에 있는 것 같이 그들도 다 하나가 되어 우리 안에 있게 하사 세상으로 아버지께서 나를 보내신 것을 믿게 하옵소서_요 17:20-21

10. 나는 우리 가정, 교회 지체들, 세상에서 만나는 자들이 온전히 영적으로 서 가도록 어떤 노력을 해야 하는가

1) 가정을 위한 노력?

a.

b.

c.

2) 교회 지체들을 위한 노력?

a.

b.

c.

3) 세상에서 만나는 사람들을 위한 노력?

a.

b.

c.

과제

☑️ **말씀암송**

에베소서 4:26-27

분을 내어도 죄를 짓지 말며
해가 지도록 분을 품지 말고
마귀에게 틈을 주지 말라

☑️ **하루 30분씩 매일 기도해 주세요.**

☑️ **3명 이상에게 중보기도 제목을 받고, 기도해 주세요.**

☑️ **기도문을 적어 제출해 주세요.**

[개인, 가정, 교회, 나라를 위한 기도]

☑️ **메모**

_____

_____

_____

_____

Spiritual Warfare and Prayer

chapter 5

영적 전쟁에서 승리하는 비결

1. 영적으로 사탄에게 지지 않기 위해 어떻게 해야 하는가

1) 사도 바울은 에베소 교회 교인들에게 마귀에게 틈 을 주지 말라고 경고했다

²⁶ 분을 내어도 죄를 짓지 말며 해가 지도록 분을 품지 말고 ²⁷ 마귀에게 틈을 주지 말라_엡 4:26-27

성경은 우리가 분을 내는 것이 바르지 않다고 한다. 사탄에게 활동할 여지를 주기 때문이다. 의분과 내가 참지 못해 내는 분에는 차이가 있다. 충동적인 화는 상처를 준다. 씻을 수 없는 관계의 금을 가게 한다.

'분'은 헬라어 원어로는 '오르게'인데 아닌 게 아니라 분은 우리의 혈압을 '오르게' 한다. 또한 한문으로 보더라도 분(忿)은 마음이 나누어져 있는 모양을 상형하고 있다. 분을 내면 마음이 구심점과 안정감을 잃고 흐트러지는 것은 두말할 필요가 없다. 나누어지고 흐트러진 마음의 틈으로 온갖 부정적이고 어두운 생각들이 밀물처럼 파고든다.

우리는 분개, 격분, 격노, 비통함을 진압해야 한다. 충동과 거룩하지 않은 욕구로 인한 감정을 제거해야 한다.

차분하고 침착한 태도를 가져야 한다. 마귀와의 싸움에서 성품에 있어 균형을 잡지 못하면 지게 된다. 강하고 선한 성품으로 완전 무장해야 한다.

맑은 정신과 차분한 마음, 침착함은 영적 위험과 마귀의 기만을 막는다. 화를 내는 것이 불필요한 것은 아니다. 예수님도 바리새인과 서기관에게 욕을 하시면서 역정을 내셨다. '독사의 자식들아!', '회칠한 무덤'이라고 그들을 책망하실 때 감정적 화를 내셨다. 성전에서는 비둘기 파는 자들의 상을 엎으셨다.

2) 하나님 아버지의 집을 장사 하는 집으로 바꾸면 안 된다고 하셨다

> 13 유대인의 유월절이 가까운지라 예수께서 예루살렘으로 올라가셨더니 14 성전 안에서 소와 양과 비둘기 파는 사람들과 돈 바꾸는 사람들이 앉아 있는 것을 보시고 15 노끈으로 채찍을 만드사 양이나 소를 다 성전에서 내쫓으시고 돈 바꾸는 사람들의 돈을 쏟으시며 상을 엎으시고 16 비둘기 파는 사람들에게 이르시되 이것을 여기서 가져가라 내 아버지의 집으로 장사하는 집을 만들지 말라 하시니 17 제자들이 성경 말씀에 주의 전을 사모하는 열심이 나를 삼키리라 한 것을 기억하더라 _요 2:13-17

특히, 기도자가 너무 세상적 염려와 무엇을 먹고 마실지, 입을지 고민에 빠져 살면 안 된다. 더 나아가 재물욕에 빠져서 살면 안 된다.

3) 원한 을 품고 미워하지 않아야 한다

> 10 너희가 무슨 일에든지 누구를 용서하면 나도 그리하고 내가 만일 용서한 일이 있으면 용서한 그것은 너희를 위하여 그리스도 앞에서 한 것이니 11 이는 우리로 사탄에게 속지 않게 하려 함이라 우리는 그 계책을 알지 못하는 바가 아니로다 _고후 2:10-11

사탄은 성도로 용서하지 못하게 한다. 피해 의식을 일으킨다. 남과 비교하게 한다. 자꾸 화가 나도록 부추긴다. 용서는 마귀를 멀리하는 궁극적인 방어책이다.

사탄은 부모님을 이해하지 못하게 한다. 부모와 자식 간에 감정적 골이 깊게 한다. 자녀들끼리 사랑하지 못하게 한다. 학생과 교사가 존중하지 못하게 한다. 교회 지도자와 성도가 하나 되지 못하게 한다. 서로 다른 마음을 품게 하고, 공동체가 분열되게 한다.

사랑해야 할 대상이 서로에 대해 다른 마음을 품게 하는 사탄은 결국 그 공동체를 통째로 와해시키는 것이다.

이런 사탄의 계략은 질병을 주거나 어떤 다른 어려움을 주는 것보다 더 무서운 공격이다. 건강이 안 좋으면 병원에 가거나 기도하면 낫는다. 그러나 내면의 상처는 쉽게 치유되지 않는다. 바로 그래서 가장 작은 공동체인 가정에서도 서로 기도하고 예배하며 신앙을 나누어야 한다.

사탄은 우리로 사회구원을 부추긴다. 개인 한 사람 한 사람을 보지 못하게 한다. 사회 전체가 잘살면 개인이 잘산다는 사회주의적 사고를 준다. 그러면서 아주 교묘하고 교활하게 한 사람 한 사람을 공격하고 가정 안에 식구들을 서로 불신하도록 유혹한다.

우리는 예수님의 제자로 예수님의 마음을 품어야 한다.

Q 오히려 성도는 어떻게 원수 같은 자,
자신을 조롱하고 무시하는 자를 품을 수 있는가?

a. 용서 의 기도를 드려야 한다

> 아버지 저들을 사하여 주옵소서 자기들이 하는 것을 알지 못함이니이다_눅 23:34

사탄은 우리 입에서 용서의 기도보다 저주의 말이 나오도록 한다. 거친 말과 비난의 말, 부정적인 말을 뱉도록 한다. 사탄은 거짓의 아비요 살인자이기 때문이다. 그러나 우리는 긍휼의 마음으로 한 명 한 명 품어야 한다.

b. 말씀 이 거해야 한다

> 청년들아 내가 너희에게 쓴 것은 너희가 강하고 하나님의 말씀이 너희 안에 거하시며 너희가 흉악한 자를 이기었음이라_요일 2:14

말씀의 검을 가져야 한다. 마귀는 대적하고 싸워야 할 대상이다. 그렇다면 우리의 무기는 무엇인가? 성경은 우리의 무기를 두 가지로 이야기

한다. 하나는 기도이고, 또 하나는 말씀이다. 예수님은 40일 금식 기도 후 유혹에 넘어가지 않으셨다. 그리고 말씀으로 사탄을 대적하시고 쫓아내셨다. 하나님의 말씀은 마귀를 정복하는 검이다.

사도 요한은 하나님의 말씀이 어떠한 역할을 하는지 이렇게 말한다.

c. 두 눈을 뜨고 경계 해야 한다

> 투기와 술 취함과 방탕함과 또 그와 같은 것들이라 전에 너희에게 경계한 것 같이 경계하노니 이런 일을 하는 자들은 하나님의 나라를 유업으로 받지 못할 것이요_갈 5:21

두 눈을 뜨고 경계해야 한다. 적과 대치하고 있을 때 중요한 것은 면밀히, 신중히 경계하는 것이다. 사탄이 오는 방향과 공격을 감지해야 한다. 사탄이 어느 경로로 어떻게 공격해 오는지 알면 이길 수 있다.

2. 성경에 보면 초대 교회에 어떤 것을 촉구하셨는가

1) 주님은 사데 교회에게 잠에서 깨어나라 고 촉구하셨다

> 1 사데 교회의 사자에게 편지하라 하나님의 일곱 영과 일곱 별을 가지신 이가 이르시되 내가 네 행위를 아노니 네가 살았다 하는 이름은 가졌으나 죽은 자로다 2 너는 일깨어 그 남은 바 죽게 된 것을 굳건하게 하라 내 하나님 앞에 네 행위의 온전한 것을 찾지 못하였노니 3 그러므로 네가 어떻게 받았으며 어떻게 들었는지 생각하고 지켜 회개하라 만일 일깨지 아니하면 내가 도둑 같이 이르리니 어느 때에 네게 이를는지 네가 알지 못하리라 4 그러나 사데에 그 옷을 더럽히지 아니한 자 몇 명이 네게 있어 흰옷을 입고 나와 함께 다니리니 그들은 합당한 자인 연고라 5 이기는 자는 이와 같이 흰옷을 입을 것이요 내가 그 이름을 생명책에서 결코 지우지 아니하고 그 이름을 내 아버지 앞과 그의 천사들 앞에서 시인하리라 6 귀 있는 자는 성령이 교회들에게 하시는 말씀을 들을지어

다_계 3:1-6

2) 에베소 교회는 "기도와 간구를 성령안에서 결합하라"는 충고를 받았다

모든 기도와 간구를 하되 항상 성령 안에서 기도하고 이를 위하여 깨어 구하기를 항상 힘쓰며 여러 성도를 위하여 구하라_엡 6:18

3) 고린도 교회는 " 깨어 믿음에 굳게 서라"는 촉구를 받았다

깨어 믿음에 굳게 서서 남자답게 강건하라_고전 16:13

4) 골로새 교회는 "기도를 계속하고 기도에 감사함으로 깨어 있으라"는 권면을 받았다

기도를 계속하고 기도에 감사함으로 깨어 있으라_골 4:2

5) 데살로니가 교회는 "다른 이들과 같이 자지 말고 오직 깨어 정신을 차릴지라"는 말씀을 들었다

그러므로 우리는 다른 이들과 같이 자지 말고 오직 깨어 정신을 차릴지라_살전 5:6

6) 베드로는 만물의 엄숙한 종말이 급히 다가오고 있으니 "정신을 차리고 근신 하여 기도하라"고 경고했다

만물의 마지막이 가까이 왔으니 그러므로 너희는 정신을 차리고 근신하여 기도하라_벧전 4:7

7) 베드로는 근신 하고 깨어나야 한다고 하였다

근신하라 깨어라 너희 대적 마귀가 우는 사자 같이 두루 다니며 삼킬 자를 찾나
니_벧전 5:8

E. M. 바운즈의 글은 시대가 흘렀지만 명확히 성도와 교회가 어떠해야 하는지 알려 주고 있다.

어떤 교회의 물질적인 번영이나 그 교회가 하는 활동으로 교회 상태를 판단하는 것은 아주 위험한 미혹이다. 일반적으로 어떤 교회의 그럴싸한 외양과 이례적인 성장이 그 교회의 황폐함과 부패를 은폐하는 경우가 많다.

그러나 영적인 교회는 사람들을 죄의 길에서 온전하게, 명백하게, 완전히 돌아오게 할 것이다. 또한 성결의 길로 인도할 것이며, 그들이 하나님의 마음을 기쁘시게 하는 길로 걷기 위해 분투하도록 이끌 것이다.

우리는 이런 영성을 교회 한구석에 아무렇게나 처박아 놓을 수 없다. 우리는 이 영성을 우리의 최우선적이고 유일한 본분으로 삼아야 한다.

하나님의 교회는 죄인을 회개시키고, 성도를 온전히 성결하게 하는 이 일을 계속 수행해야 한다. 어떤 교회가 이 일을 부차적인 것으로 만들거나 다른 관심사를 이 일과 동등하게 여길 때마다 그 교회는 세속적이 될 것이다.

어떤 교회가 물질적인 관심사를 강조하면 그것이 다른 모든 것들보다 더 두드러지게 될 것이요 그러면 마침내 세상이 그 교회의 보좌에 앉아 사탄의 홀을 흔들 것이다.

－E. M. 바운즈 『기도로 원수를 밟으라』, p.78

3. 사탄과의 싸움에서 승리하기 위해 어떤 것이 필요한가

1) 영원한 언약 의 보혈

> 양들의 큰 목자이신 우리 주 예수를 영원한 언약의 피로 죽은 자 가운데서 이끌
> 어 내신 평강의 하나님이_히 13:20

사탄과의 싸움에서 승리자가 되려면 "영원한 언약의 피"(히 13:20) 뿌림을 받아야 한다. 어떻게 마지막 날까지 사탄을 이길 수 있을까?

2) 어린양의 피

> 10 내가 또 들으니 하늘에 큰 음성이 있어 이르되 이제 우리 하나님의 구원과 능
> 력과 나라와 또 그의 그리스도의 권세가 나타났으니 우리 형제들을 참소하던
> 자 곧 우리 하나님 앞에서 밤낮 참소하던 자가 쫓겨났고 11 또 우리 형제들이 어
> 린양의 피와 자기들이 증언하는 말씀으로써 그를 이겼으니 그들은 죽기까지
> 자기들의 생명을 아끼지 아니하였도다_계 12:10-11

십자가 보혈은 사탄을 결박하고 꼼짝 못하게 하는 무기이다. 주님은 속죄의 피를 체험한 신실한 그리스도인들을 사탄의 공격으로부터 안전하게 보호하신다. 그러므로 우리는 기도할 때 어린양의 보혈의 피가 우리를 덮도록 기도해야 한다. 유월절 어린양의 피가 문과 문설주에 발라진 것처럼 우리 가정이 그렇게 덮이도록 기도해야 한다.

3) 영혼이 잘됨 같이 우리가 강건

> 사랑하는 자여 네 영혼이 잘됨 같이 네가 범사에 잘되고 강건하기를 내가 간구
> 하노라_요삼 1:2

영혼이 잘됨 같이 범사에 잘되고, 우리 자신이 강건해야 한다.

4) **병** 낫기를 간구하고 건강

> 그러므로 너희 죄를 서로 고백하며 병이 낫기를 위하여 서로 기도하라 의인의 간구는 역사하는 힘이 큼이니라_약 5:16

죄를 서로 고백하며 병 낫기를 위해 기도해야 한다.

5) 영적인 원수가 누구인지 아는 것

> 근신하라 깨어라 너희 대적 마귀가 우는 사자 같이 두루 다니며 삼킬 자를 찾나니_벧전 5:8

영적으로 누구를 위해 싸우는지 알아야 한다.

영적으로 누구를 반대하며 싸우는지 알아야 한다.

보이는 대상이 아니라 그 뒤에 역사하는 원수를 간파해야 한다.

4. 우리는 왜 선을 행하지 아니하고 악을 행하고, 하나님의 법을 즐거워 하기보다 죄의 법을 따르는가

> ¹⁹ 내가 원하는 바 선은 행하지 아니하고 도리어 원하지 아니하는 바 악을 행하는도다 ²⁰ 만일 내가 원하지 아니하는 그것을 하면 이를 행하는 자는 내가 아니요 내 속에 거하는 죄니라 ²¹ 그러므로 내가 한 법을 깨달았노니 곧 선을 행하기 원하는 나에게 악이 함께 있는 것이로다 ²² 내 속사람으로는 하나님의 법을 즐거워하되 ²³ 내 지체 속에서 한 다른 법이 내 마음의 법과 싸워 내 지체 속에 있는 죄의 법으로 나를 사로잡는 것을 보는도다_롬 7:19-23

우리 속에 여전히 죄가 있기 때문이다. 우리가 선을 행하기를 원하나 여전히 우리 안에 악이 함께 있기 때문이다.

5. 육체 속에 죄를 이기고, 승리하기 위해서는 어떻게 해야 하는가

> **1** 오순절 날이 이미 이르매 그들이 다 같이 한 곳에 모였더니 **2** 홀연히 하늘로부터 급하고 강한 바람 같은 소리가 있어 그들이 앉은 온 집에 가득하며 **3** 마치 불의 혀처럼 갈라지는 것들이 그들에게 보여 각 사람 위에 하나씩 임하여 있더니 **4** 그들이 다 성령의 충만함을 받고 성령이 말하게 하심을 따라 다른 언어들로 말하기를 시작하니라_ 행 2:1-4

같이 기도하며 성령 하나님이 임하시도록 우리 자신을 내어 드려야 한다.

Q 사탄의 유혹에 빠지지 않으려면 어떻게 해야 하는가?

> 이 세상이나 세상에 있는 것들을 사랑하지 말라_ 요일 2:15

사탄은 이 세상을 사랑하도록 유혹한다. 불교의 스님이 버린 세상을 성도가 취하지 못해 안달이라면 말이 되는가? 바울은 세상의 어떤 것도 그리스도를 아는 지식에 비교하면 배설물과 같다고 했다.

사탄은 우리에게 미끼를 던진다. 우리는 그 미끼를 눈치채야 한다. 그러나 우리가 욕심에 빠져 그 미끼를 놓치지 않고 끝까지 물면 사탄의 하수인이 된다. 사탄의 하수인으로 바로 살인자가 된다. 거짓말쟁이가 된다.

6. 사탄은 어떻게 우리를 기도하지 못하게 하는가

- **좌절** 하게 한다.
- 낙망하게 한다.
- 죄로 **자괴감** 에 빠져 살게 한다.

Q 영적으로 좌절되고, 낙망할 때 어떻게 다시 일어설 수 있었는가?

7. 영적으로 지친 사람은 어떻게 다시 회복될 수 있는가

- 함께 기도할 **동역자** 를 만나라!
- 정기적으로 기도할 장소를 정하라!
- 기도 제목을 나누라!
- 기도를 부탁하라!
- 영적 **멘토** 를 찾아 교제하라!
- 기도 집회를 참석하라!
- 자신의 기도 제목만 나누지 말고, 다른 사람을 위해서 기도하라!

Q 영적 전쟁을 할 때 어떤 부분이 약해서 무너지는 것 같은가?

하나님께 부르짖어야 한다.

사탄과 싸울 때 우리에게 필요한 것은 무엇보다 기도하는 것이다. 기도하기는 쉽지 않다. 그러나 기도한다면 분명히 일어설 수 있다.

8. 영적 전쟁을 하는 리더는 어떻게 하나님 앞에 나아가야 하는가

그들이 미스바에 모여 물을 길어 여호와 앞에 붓고 그날 종일 금식하고 거기에서 이르되 우리가 여호와께 범죄하였나이다 하니라 사무엘이 미스바에서 이스라엘 자손을 다스리니라 _ **삼상 7:6**

사무엘은 종일 금식하며 미스바에서 백성들에게 여호와께 범죄하였다고 회개하도록 하였다. 그러자 어떤 결과가 있었는가?

> 사무엘이 번제를 드릴 때에 블레셋 사람이 이스라엘과 싸우려고 가까이 오매 그날에 여호와께서 블레셋 사람에게 큰 우레를 발하여 그들을 어지럽게 하시니 그들이 이스라엘 앞에 패한지라 _삼상 7:10

사무엘이 번제를 드릴 때에 블레셋 사람들이 이스라엘 앞에서 패하였다.

9. 귀신을 쫓아내려면 어떻게 해야 하는가

1) 명하여 나오라고 외쳐야 한다

> 16 우리가 기도하는 곳에 가다가 점치는 귀신 들린 여종 하나를 만나니 점으로 그 주인들에게 큰 이익을 주는 자라 17 그가 바울과 우리를 따라와 소리 질러 이르되 이 사람들은 지극히 높은 하나님의 종으로서 구원의 길을 너희에게 전하는 자라 하며 18 이같이 여러 날을 하는지라 바울이 심히 괴로워하여 돌이켜 그 귀신에게 이르되 예수 그리스도의 이름으로 내가 네게 명하노니 그에게서 나오라 하니 귀신이 즉시 나오니라 _행 16:16-18

2) 성령 충만하면 된다

> 10 두 해 동안 이같이 하니 아시아에 사는 자는 유대인이나 헬라인이나 다 주의 말씀을 듣더라 11 하나님이 바울의 손으로 놀라운 능력을 행하게 하시니 12 심지어 사람들이 바울의 몸에서 손수건이나 앞치마를 가져다가 병든 사람에게 얹으면 그 병이 떠나고 악귀도 나가더라 _행 19:10-12

3) 기도와 금식 으로 나아가면 된다

이르시되 기도 외에 다른 것으로는 이런 종류가 나갈 수 없느니라 하시니라_막 9:29

10. 성령 충만을 위해서 우리는 어떻게 그리고 어떤 경건훈련을 해야 하는가

과제

☑ **말씀암송**

마가복음 9:29

이르시되 기도 외에 다른 것으로는
이런 종류가 나갈 수 없느니라 하시니라

☑ **하루 30분씩 매일 기도해 주세요.**

☑ **3명 이상에게 중보기도 제목을 받고, 기도해 주세요.**

☑ **기도문을 적어 제출해 주세요.**

[개인, 가정, 교회, 나라를 위한 기도]

☑ **메모**

_____

_____

_____

_____

Spiritual Warfare and Prayer

chapter 6

영적 전쟁과 금식 기도

1. 하나님이 기뻐하시는 것은 무엇인가

흉악의 [결박] 을 풀어 주는 금식이다

> 내가 기뻐하는 금식은 흉악의 결박을 풀어 주며 멍에의 줄을 끌러 주며 압제 당
> 하는 자를 자유하게 하며 모든 멍에를 꺾는 것이 아니겠느냐_ 사 58:6

하나님께서 기뻐하시는 것 중에 하나가 흉악의 결박을 풀어주는 금식
이다.

2. 구약성경은 언제 금식을 했다고 하는가

1) 지도자가 위대한 사명을 받을 때, 금식했다

> 모세가 여호와와 함께 사십 일 사십 야를 거기 있으면서 떡도 먹지 아니하였고
> 물도 마시지 아니하였으며 여호와께서는 언약의 말씀 곧 십계명을 그 판들에
> 기록하셨더라_ 출 34:28

2) [전쟁] 때, 금식했다

> 이에 온 이스라엘 자손 모든 백성이 올라가 벧엘에 이르러 울며 거기서 여호
> 와 앞에 앉아서 그 날이 저물도록 금식하고 번제와 화목제를 여호와 앞에 드리
> 고_ 삿 20:26

3) 개인적 슬픔을 당할 때, 금식했다

> 다윗이 그 아이를 위하여 하나님께 간구하되 다윗이 금식하고 안에 들어가서
> 밤새도록 땅에 엎드렸으니_ 삼하 12:16

4) 하나님과 깊은 교제 를 원할 때, 금식했다

이에 일어나 먹고 마시고 그 음식물의 힘을 의지하여 사십 주 사십 야를 가서 하나님의 산 호렙에 이르니라_왕상 19:8

5) 조국의 참담한 현실을 알게 될 때, 금식하였다

내가 이 말을 듣고 앉아서 울고 수일 동안 슬퍼하며 하늘의 하나님 앞에 금식하며 기도하여_느 1:4

6) 개인과 국가의 죄를 통회할 때, 금식하였다

내가 금식하며 베옷을 입고 재를 덮어쓰고 주 하나님께 기도하며 간구하기를 결심하고_단 9:3

7) 하나님의 도움 을 받을 때, 금식하였다

당신은 가서 수산에 있는 유다인을 다 모으고 나를 위하여 금식하되 밤낮 삼 일을 먹지도 말고 마시지도 마소서 나도 나의 시녀와 더불어 이렇게 금식한 후에 규례를 어기고 왕에게 나아가리니 죽으면 죽으리이다 하니라_에 4:16

8) 민족의 위기 때, 금식하였다

너희는 금식일을 정하고 성회를 소집하여 장로들과 이 땅의 모든 주민들을 너희 하나님 여호와의 성전으로 모으고 여호와께 부르짖을지어다_욜 1:14

9) 하나님의 심판을 선지자 가 전하고 들을 때, 금식하였다

왕과 그의 대신들이 조서를 내려 니느웨에 선포하여 이르되 사람이나 짐승이나 소 떼나 양 떼나 아무것도 입에 대지 말지니 곧 먹지도 말 것이요 물도 마시

지 말 것이며_욘 3:7

10) 1년 중 한 번 대속죄일 때, 금식하였다

18 만군의 여호와의 말씀이 내게 임하여 이르시되 19 만군의 여호와가 이같이 말하노라 넷째 달의 금식과 다섯째 달의 금식과 일곱째 달의 금식과 열째 달의 금식이 변하여 유다 족속에게 기쁨과 즐거움과 희락의 절기들이 되리니 오직 너희는 진리와 화평을 사랑할지니라 20 만군의 여호와가 이와 같이 말하노라 다시 여러 백성과 많은 성읍의 주민이 올 것이라 21 이 성읍 주민이 저 성읍에 가서 이르기를 우리가 속히 가서 만군의 여호와를 찾고 여호와께 은혜를 구하자 하면 나도 가겠노라 하겠으며_슥 8:18-21

3. 신약성경은 언제 금식하였다고 하는가

1) 하나님의 부르심 때, 금식하였다

사흘 동안 보지 못하고 먹지도 마시지도 아니하니라_행 9:9

2) 전도자의 파송 때, 금식하였다

주를 섬겨 금식할 때에 성령이 이르시되 내가 불러 시키는 일을 위하여 바나바와 사울을 따로 세우라 하시니_행 13:2

3) 교회의 지도자를 세울 때, 금식하였다

각 교회에서 장로들을 택하여 금식 기도 하며 그들이 믿는 주께 그들을 위탁하고_행 14:23

4. 음식을 먹는 양에 따른 어떤 종류의 금식이 있는가

1) 부분 적인 금식을 하였다

세 이레가 차기까지 좋은 떡을 먹지 아니하며 고기와 포도주를 입에 대지 아니하며 또 기름을 바르지 아니하니라_ 단 10:3

2) 음식을 먹지 않는 금식을 하였다

사십 일을 밤낮으로 금식하신 후에 주리신지라_ 마 4:2

3) 물 도 마시지 않는 금식을 하였다

사흘 동안 보지 못하고 먹지도 마시지도 아니하니라_ 행 9:9

Q 금식 기도의 기간은 어떻게 되는가?

- 3일
- 7일
- 21일
- 40일

5. 금식할 때 어떤 부분을 조심해서 실수하지 않아야 하는가

16 금식할 때에 너희는 외식하는 자들과 같이 슬픈 기색을 보이지 말라 그들은 금식하는 것을 사람에게 보이려고 얼굴을 흉하게 하느니라 내가 진실로 너희에게 이르노니 그들은 자기 상을 이미 받았느니라 17 너는 금식할 때에 머리에

기름을 바르고 얼굴을 씻으라 **18** 이는 금식하는 자로 사람에게 보이지 않고 오
직 은밀한 중에 계신 네 아버지께 보이게 하려 함이라 은밀한 중에 보시는 네
아버지께서 갚으시리라_마 6:16-18

외식이 아니라 은밀한 중에 보시는 하나님을 바라보면서 해야 한다.

6. 금식을 통해 어떤 유익을 얻을 수 있는가

- 굶주린 자들의 **고통** 을 알게 된다.
- 나의 잘못된 언어습관을 알게 된다.
- 자신이 죄인의 괴수인 것을 알게 된다.
- 자신의 **아집** 을 깨닫게 된다.
- 자신의 부르심, 비전, 사명에 집중하게 된다.
- 영육간에 지치지 않는 힘을 얻게 된다.

7. 금식을 통해 얻게 된 선물이 있었는가

- 금식 후에 **복음 전파** 의 가치를 알 수 있다.
- 문제에만 집착하지 않을 수 있게 된다.
- 할 수 없어 보이는 일을 감당하게 된다.

8. 구약의 대표적인 젊은 남성, 다니엘은 고기와 술을 금식하고 어떤 경험을 하였는가

13 당신 앞에서 우리의 얼굴과 왕의 음식을 먹는 소년들의 얼굴을 비교하여 보아서 당신이 보는 대로 종들에게 행하소서 하매 **14** 그가 그들의 말을 따라 열흘 동안 시험하더니 **15** 열흘 후에 그들의 얼굴이 더욱 아름답고 살이 더욱 윤택하여 왕의 음식을 먹는 다른 소년들보다 더 좋아 보인지라_단 1:13-15

얼굴이 더 좋아졌다.

9. 구약의 대표적인 젊은 여성, 에스더는 금식 기도를 통해 어떤 행동을 하였는가

1) 금식을 한 후, 규례를 어기고 왕 에게 나아가려고 하였다

13 모르드개가 그를 시켜 에스더에게 회답하되 너는 왕궁에 있으니 모든 유다인 중에 홀로 목숨을 건지리라 생각하지 말라 **14** 이때에 네가 만일 잠잠하여 말이 없으면 유다인은 다른 데로 말미암아 놓임과 구원을 얻으려니와 너와 네 아버지 집은 멸망하리라 네가 왕후의 자리를 얻은 것이 이때를 위함이 아닌지 누가 알겠느냐 하니 **15** 에스더가 모르드개에게 회답하여 이르되 **16** 당신은 가서 수산에 있는 유다인을 다 모으고 나를 위하여 금식하되 밤낮 삼 일을 먹지도 말고 마시지도 마소서 나도 나의 시녀와 더불어 이렇게 금식한 후에 규례를 어기고 왕에게 나아가리니 죽으면 죽으리이다 하니라_에 4:13-16

2) 에스더는 금식 후 왕에게 나아갔다

1 제삼일에 에스더가 왕후의 예복을 입고 왕궁 안 뜰 곧 어전 맞은편에 서니 왕이 어전에서 전 문을 대하여 왕좌에 앉았다가 **2** 왕후 에스더가 뜰에 선 것을 본즉 매우 사랑스러우므로 손에 잡았던 금 규를 그에게 내미니 에스더가 가까이

가서 금 규 끝을 만질지라 3 왕이 이르되 왕후 에스더여 그대의 소원이 무엇이며 요구가 무엇이냐 나라의 절반이라도 그대에게 주겠노라 하니_에 5:1-3

10. 왜 금식하며 기도해야 하는가

내가 기뻐하는 금식은 흉악의 결박을 풀어주며 멍에의 줄을 끌러 주며, 압제 당하는 자를 자유하게 하며 모든 멍에를 꺾는 것이 아니겠느냐_사 58:6

하나님이 기뻐하시기 때문이다.

기도와 외에 다른 것으로는 이런 종류가 나갈 수 없느니라_막 9:29

기도와 금식이 아니면 안 되는 역사가 있다.

주님의 제자가 왜 자신들은 귀신을 쫓아낼 수 없었느냐고 물었을 때 주님은 기도와 금식 외에 다른 이유로는 그런 역사가 일어날 수 없다고 하셨다. 우리는 내 자신의 연약함과 타인의 어려운 상황을 위해 금식하게 된다.

사탄은 성도가 견고하게 기도와 금식으로 서 나가는 것을 싫어한다. 현대인에게 있어 기도와 금식이 사라지고 있다. 기도와 금식이 사라진다는 것은 결국 영적 힘과 능력이 약하거나 거의 없다는 것이다.

11. 금식 기도의 실제 훈련은 어떻게 해야 하는가

• 금식할 때, 실제적 기도 제목을 정한다.

• 금식기간 중 말씀을 읽고 찬양하며 예배한다.

• 금식기간 중 산책하며 고요히 시간을 보낸다.

- 금식기간 동안 몸의 안정을 취한다.
- 금식 후 보호식을 금식한 기간만큼 한다.

12. 끊임없이 기도하고 금식하며 기도해야 하는 이유는 무엇인가

1 그때에 천국은 마치 등을 들고 신랑을 맞으러 나간 열 처녀와 같다 하리니 **2** 그중의 다섯은 미련하고 다섯은 슬기 있는 자라 **3** 미련한 자들은 등을 가지되 기름을 가지지 아니하고 **4** 슬기 있는 자들은 그릇에 기름을 담아 등과 함께 가져갔더니 **5** 신랑이 더디 오므로 다 졸며 잘새 **6** 밤중에 소리가 나되 보라 신랑이로다 맞으러 나오라 하매 **7** 이에 그 처녀들이 다 일어나 등을 준비할새 **8** 미련한 자들이 슬기 있는 자들에게 이르되 우리 등불이 꺼져가니 너희 기름을 좀 나눠 달라 하거늘 **9** 슬기 있는 자들이 대답하여 이르되 우리와 너희가 쓰기에 다 부족할까 하노니 차라리 파는 자들에게 가서 너희 쓸 것을 사라 하니 **10** 그들이 사러 간 사이에 신랑이 오므로 준비하였던 자들은 함께 혼인 잔치에 들어가고 문은 닫힌지라 **11** 그 후에 남은 처녀들이 와서 이르되 주여 주여 우리에게 열어 주소서 **12** 대답하여 이르되 진실로 너희에게 이르노니 내가 너희를 알지 못하노라 하였느니라 **13** 그런즉 깨어 있으라 너희는 그 날과 그 때를 알지 못하느니라_마 25:1-13

마지막 때가 가까웠기 때문이다! 마지막 때가 다가왔다는 말을 들을 때 실감이 나는가? 마지막 때를 위해 어떻게 준비하고 있는가?

마지막 때에 무슨 일이 있을까? 당신은 깨어 있는가? 세상에 취해서 살지 말라! 마태복음 25장의 열처녀의 비유를 기억해야 한다. 이 비유는 주님이 주셨다. 그리고 그 뒤에 오는 여러 징조를 잊어서는 안 된다.

정말 무엇을 위해 중보하고, 누구를 위해 기도해야 하는가? 주님의 나라와 주님의 백성이 이 마지막 때에 깨어 일어나도록 간절히, 간절히 기도해야 한다.

Q 당신은 영적으로 깨어 있는 것 같은가?
아니면 영적으로 잠들어 있는 것 같은가?
왜 그렇게 생각하는가?

13. 금식 기도를 통해 어떤 일이 일어나는가

- 하나님과의 깊은 교제

- 기도 응답과 확신

- 행복한 가정, 교회, 공동체 형성

14. 인생을 살면서 금식 기도를 해야 할 정도로 어떤 어려움, 고통, 고난을 겪어 보았는가 혹, 금식을 통해 받은 기도 응답은 무엇인가

Q 금식을 가볍게 작정한다면 무엇을 위해
혹 어떤 제목으로 금식을 하고자 하는가?

과제

☑ **말씀암송**

이사야 58:6

내가 기뻐하는 금식은

흉악의 결박을 풀어 주며 멍에의 줄을 끌러 주며

압제 당하는 자를 자유하게 하며

모든 멍에를 꺾는 것이 아니겠느냐

☑ **하루 30분씩 매일 기도해 주세요.**

☑ **3명 이상에게 중보기도 제목을 받고, 기도해 주세요.**

☑ **기도문을 적어 제출해 주세요.**

[개인, 가정, 교회, 나라를 위한 기도]

☑ **메모**

_____

_____

_____

_____

기도 양육 301 과제
체크리스트

	1주	2주	3주	4주	5주	6주
❶ 출석 체크						
❷ 하루기도 30분 이상						
❸ 암송구절 암기하기						
❹ 3명 이상 중보기도 제목 받기						
❺ 기도문 적어오기 (개인, 가정, 교회, 나라)						

❶ 매주 출석은 ○, 지각은 △, 결석은 × 표시해 주세요.

❷ 하루 30분씩 매일 기도했다면 ○, 어느 정도 했다면 △, 못했다면 × 표시해 주세요.

❸ 암송구절을 암송했다면 ○, 못했다면 × 표시해 주세요.

❹ 3명 이상에게 중보기도 제목을 받고 기도했다면 ○, 못했다면 × 표시해 주세요.

❺ 매주 1번 기도문을 적고 제출했다면 ○, 적지 못해 제출하지 못했다면 × 표시해 주세요.